wk

Herbert Selg
Christine Glombitza
Gottfried Lischke

Psychologie des Sexualverhaltens

Eine Einführung

Verlag W. Kohlhammer
Stuttgart Berlin Köln Mainz

CIP-Kurztitelaufnahme der Deutschen Bibliothek

Selg, Herbert:

Psychologie des Sexualverhaltens : e. Einf. / Herbert Selg
; Christine Glombitza ; Gottfried Lischke. – Stuttgart, Berlin, Köln, Main : Kohlhammer, 1979.
ISBN 3-17-005400-7
NE: Glombitza, Christine:; Lischke, Gottfried:

Stuttgart Berlin Köln Mainz
Verlagsort: Stuttgart
Umschlag: hace
Gesamtherstellung: W. Kohlhammer GmbH
Grafischer Großbetrieb Stuttgart
Printed in Germany

Inhalt

1 Einleitung

Während der sogenannten Sexwelle im letzten Jahrzehnt ist die Zahl der von Wissenschaftlern geschriebenen Bücher über Sexualität sprunghaft angestiegen. In diesen Veröffentlichungen sind zunehmend auch psychologische Aspekte berücksichtigt worden; insbesondere klinische und entwicklungspsychologische Texte liegen vor. Was u. E. bislang fehlt, ist eine *zusammenfassende Übersicht* über relevante Theorien und Fakten vom Standpunkt der Psychologie aus.

Besonders spürbar erscheint uns diese Lücke für Lehrer, welche Sexualkunde unterrichten sollen oder möchten. Doch ähnlich wichtig dürften sexualpsychologische Grundkenntnisse auch für Studierende und Praktizierende in Medizin, Psychologie, Pädagogik und Sozialarbeit sein, kurz für alle, welche von Kindern, Jugendlichen und Erwachsenen in Problemfällen zu Rate gezogen werden.

Vielleicht ist der Leser geneigt, das Basiswissen nun – am Ende (?) der Sexwelle – ohnehin bei den Vertretern der genannten akademischen Berufsgruppen anzunehmen. Die Empirie könnte ihn eines besseren belehren. Dazu zwei Beispiele:

1. Praktische Ärzte gelten in der Öffentlichkeit als Experten im Feld der Sexualwissenschaft. Wie Sigusch (1975) ermittelte, sind ihre Kenntnisse selbst in bezug auf die von ihnen verordneten »Antibabypillen« gefährlich gering. Jede dieser Pillen darf von bestimmten Frauen nicht eingenommen werden, sie sind also »kontraindiziert«. Während Sigusch von jedem Arzt die Nennung von mindestens zehn Kontraindikationen für die oralen Ovulationshemmer[1] erwartete, konnten »rund vier Zehntel überhaupt keine« Kontraindikation nennen; mehr als drei Kontraindikationen wurden von keinem einzigen Arzt (unter einhundert) richtig angegeben (l.c., S. 270).

2. Da sich Pädagogikstudenten in entsprechenden Seminaren gegen Erläuterungen von Begriffen und gegen Darstellungen von Fakten aussprechen, führte Selg 1968 in Braunschweig und 1977 in Bamberg zu Semesterbeginn bei Teilnehmern einer Veranstaltung zur Sexualpsychologie eine Befragung durch. Ihr lagen fünfzig Bezeichnungen zugrunde, welche das Aufklärungsbuch »Samspel« (1968) für Jugendliche eigens erläutert; diese Bezeichnungen sind in der einschlägigen Literatur stark verbreitet (z. B. Hoden, Masturbation, Prostata, Vagina etc.). Die naive Annahme war, daß Studenten in der Mehrzahl nahezu alle Begriffe richtig umschreiben könnten. Tatsache ist aber, daß 1968 weniger als die Hälfte der zwanzig männlichen Befragten wußte, was z. B. »Gravidität«, »heterosexuell«, »Klimakterium« usw. bedeuten, und daß weniger als die Hälfte der dreißig weiblichen Befragten Begriffe wie »Exhibitionismus«, »Gravidität«, »heterosexuell«, »Prostata« richtig zuordnen konnte. Fast allen Studierenden waren die Na-

men »Samenbläschen«, »Cunnilingus« und »Fellatio« unbekannt. 1977 wurde ein besseres Ergebnis erwartet, weil eben im letzten Jahrzehnt entschieden offener über Sexualität gesprochen worden ist. Richtige Umschreibungen der Bezeichnungen sind (bei 20 männlichen und 21 weiblichen Teilnehmern) im Jahr 1977 auch häufiger als 1968; der Durchschnitt richtiger Antworten ist von ca. 60 auf ca. 70% gestiegen. Aber der Anteil ausreichender Erläuterungen zu den oben aufgeführten Bezeichnungen liegt teilweise immer noch unter 50% (z. B. bei »Antikonzeption« und »Gravidität«). Es sind weniger diese Prozentangaben, welche Kritiker einmal mehr als »Fliegenbeinzählerei« abtun werden, als vielmehr die Qualitäten der Antworten im einzelnen, welche aufhorchen lassen. So wird »Kastration« 1977 von fünf der einundzwanzig weiblichen Befragten als »Abschneiden des Penis« aufgefaßt; noch häufiger wird Kastration mit Sterilisation verwechselt. »Onanie« wird mehrfach als Bezeichnung für *weibliche* Selbstbefriedigung angegeben, »Klitoris« einmal als Synonym für Scheide, einmal für Schamlippe, »Ejakulation« für Eisprung, »Erektion« für Samenausfluß. »Prostata« wird wiederholt z. B. als Krankheit, »heterosexuell« als bisexuell oder promisk verstanden. Keineswegs ist es ein und derselbe Befragte, welcher die extrem falschen Antworten gab. Ein Nicht-ernst-nehmen der Befragung kann ausgeschlossen werden.
Das bedeutet, daß selbst unter Studenten die Mehrzahl große Schwierigkeiten hat, Texte oder Vorträge über Sexualität lückenlos zu verstehen, sobald ein Fremdwort als selbstverständlich bekannt vorausgesetzt wird. Es gibt nicht einmal bei den Begriffen Vagina, Orgasmus, Menstruation zu hundert Prozent richtige Zuordnungen. Wir hoffen nun, daß auch der besser vorgebildete Leser Verständnis dafür zeigen wird, daß wir im folgenden sattsam bekannt scheinende Begriffe erläutern[2] werden.
Wenn wir so ausführlich begründet haben, warum wir eine sexualpsychologische Basislektüre für Angehörige beratender Berufe und für andere interessierte Erwachsene erstellen wollen, so ist beiläufig vielleicht auch einsichtig geworden, was unser Buch nicht bringen wird: Es bringt keine Aufklärung im Sinne der Darstellung von sexuellen Verhaltensweisen, auch nicht gehobene Aufklärung im Sinne von Comforts »Freude am Sex«; ferner – natürlich – keine pornographische Lektüre (obgleich »Pornographie« schwer zu definieren sein soll . . .), aber auch keine modische, pauschale Anklage der Gesellschaft (also der jeweils anderen, der älteren Generation, derer, die nicht so sind wie wir usw.). Wir stellen auch nicht psychoanalytische Interpretationen in den Mittelpunkt. Psychoanalyse wird fälschlicherweise oft mit Psychologie gleichgesetzt; dabei ist die Psychoanalyse nur *eine* medizinisch-therapeutische Richtung neben vielen anderen.
Sexualpsychologisches Wissen soll zur Vermeidung (Prävention) sexueller Fehlentwicklungen und – sofern notwendig – zu deren Therapie einen Dienst leisten.
Ein bereits vorliegendes Buch, das über weite Strecken unseren Intentionen entspricht, ist »Formen der Sexualität« von Ford und Beach. Es ist seit lan-

gem vergriffen und noch nicht wieder aufgelegt worden. Dieses Buch ist allerdings bereits 1951 in den USA veröffentlicht worden und insofern teilweise veraltet; zudem klammert es wichtige Aspekte aus (z. B. klinische), während andere, die uns weniger relevant erscheinen, zentral abgehandelt werden: so vor allem die Sexualität von Tieren. Unser Buch bleibt – so weit es geht – auf das Verhalten und Erleben des Menschen eingeengt.
Daß ein Buch, welches psychologische Aspekte akzentuiert, dem Gesamtphänomen Sexualität nicht erschöpfend gerecht wird, versteht sich von selbst. Gerade die von uns angesprochenen Berufsgruppen werden um pädagogisch-normative Entscheidungen, welche die Psychologie nicht leisten kann, nicht herumkommen. Die Psychologie setzt keine Normen; sie kann normengesteuertes Verhalten beschreiben und erklären. Sie legt keine Ziele fest; wohl kann sie Wege aufzeigen, die wahrscheinlicher als andere zu gesetzten Zielen führen, nicht mehr und nicht weniger.
Unser Standpunkt soll aber nicht verschleiert bleiben: Wir wenden uns gleichermaßen gegen eine radikal-revolutionäre wie gegen eine konservativ-repressive Erziehung. Wir bekennen uns – sofern es sich knapp so andeuten läßt – zu einer liberal-emanzipatorischen Erziehung, welche Sexualität als wesentlichen Bestandteil menschlichen Lebens akzeptiert und fördert. In diesem Sinne begrüßen wir im großen und ganzen die in den letzten Jahren im Bereich der Sexualität feststellbare Liberalisierung.

2 Sexualität: Definitionen, Funktionen, Normen und Werte

2.1 Definitionen

Um Sprachverwirrung zu vermeiden, sind im allgemeinen definitorische Bemühungen nötig. Was kann und soll unter Sexualität bzw. Sexualverhalten verstanden werden? Wir werden sehr schnell feststellen, daß die Definition eines in seinen Abläufen so komplexen und in seinen verschiedenen Ausdrucksformen so schwer zu erfassenden Gegenstandes, wie es die menschliche Sexualität darstellt, zu erheblichen Schwierigkeiten führt; dies wohl nicht zuletzt deswegen, weil kaum ein anderer Bereich des menschlichen Verhaltens so stark tabuisiert wurde und wird wie die Sexualität.
Sexualität kann als ein übergeordneter Begriff gelten – mit einer weiten biologischen Bedeutung. Sexualität meint dann die phylogenetische[3] Differenzierung der Lebewesen in zwei Geschlechter, »die überall in der lebenden Natur vorhandene Geschlechtlichkeit bzw. Zweigeschlechtlichkeit (Heterosexualität)« wie Dietz und Hesse (1967) schreiben. So verstanden, verweist »Sexualität« auf den biologisch-physiologischen Rahmen des menschlichen Sexualverhaltens; der Begriff ist weit und relativ inhaltsleer.
Drever und Fröhlich (1974, S. 251) verstehen unter Sexualität »die Gesamtheit aller mit dem Sexualakt (Koitus) zusammenhängenden, mehr oder weniger komplexen Triebe, Einstellungen und Verhaltensweisen bei Mensch und Tier, sowie der daraus resultierenden Konflikte (beim Menschen)«. Eine solche Formulierung ist im Detail fragwürdig, einmal wegen der Betonung von Trieben (vgl. Kap. 4), zum anderen wegen der letztlich unbegründeten Hervorhebung des Koitus. *Sexualverhalten* wird in dieser Umschreibung beiläufig als Teil der Sexualität verstanden.
Ford und Beach (1968, S. 7) bezeichnen als Sexualverhalten jenes Verhalten, das »mit der Reizung und Erregung der Sexualorgane verbunden ist«. Definitorische Bemühungen ähnlicher Art sind im Bereich der Sexualität recht selten; doch schon aus der obigen kurzen Darstellung wird deutlich, daß es je nach Herangehensweise an den komplizierten Sachverhalt verschiedene Umschreibungen gibt, und es wird verständlich, daß deswegen umfassende, befriedigende Definitionen für Sexualität nicht gefunden werden können (Borrmann, zit. nach Schnabl 1972, S. 14). Definitionsversuche berücksichtigen bislang mehr biologisch-physiologische Faktoren; sie lassen meist wichtige Aspekte des Sexualverhaltens außer acht, um eine naturwissenschaftliche Erforschung der menschlichen Sexualität zu ermöglichen und – wie Kinsey et al. (1967, S. 5) schreiben – »Tatsachenmaterial über die Sexualität zu sammeln«.
Alle Umschreibungsversuche definieren nicht im engen Sinne, ziehen also keine Grenzen; sie akzentuieren, sie bezeichnen Brennpunkte. Diese

Brennpunkte werden abhängig vom jeweils beteiligten Fachgebiet unterschiedlich gesetzt. So beschäftigt sich etwa der Biologe mit der Sexualität unter besonderer Berücksichtigung der Fortpflanzungsfunktion; Psychologen hingegen können mit Ford und Beach in den sexuellen Regungen Impulse sehen, welche den Menschen zum Handeln (mit bestimmten Erlebnisaspekten) anregen. Der Soziologe befaßt sich vornehmlich mit der gemeinschaftsbildenden Funktion der Sexualität, der Moralphilosoph und andere mit der Normenproblematik etc.
Auf jeden Fall müssen wir feststellen, daß eine Trennung von Sexualität und Sexualverhalten nicht immer durchgehalten wird und definitorische Vorarbeiten in diesem Bereich zugunsten eines offensichtlich als einheitlich angenommenen Vorverständnisses selten sind.

2.2 *Funktionen des Sexualverhaltens*

Bei der Auseinandersetzung mit menschlichem Sexualverhalten muß natürlich auch die Frage nach dessen Funktionen gestellt werden. Wir werden nacheinander die Fortpflanzungs-, die Lust- und die sozialen Funktionen erörtern; die Trennung dieser Funktionen ist nur näherungsweise möglich.

2.2.1 Fortpflanzungsfunktion

Unbestritten ist die Funktion der Fortpflanzung (reproduktive Funktion); es geht um die Erzeugung von Nachkommen und die damit verbundene Erhaltung der Art.
Vielfach wird diese Funktion überbetont: Auf Augustinus zurückgehend, nach dem sexuelle Lust etwas Sündhaftes ist und ein Koitus nur um der Zeugung willen vollzogen werden darf, wird die reproduktive Funktion heute noch von Teilen der katholischen Kirche favorisiert: Papst Paul VI. vertrat 1968 in der Enzyklika Humanae vitae die Ansicht, »daß jeder eheliche Akt von sich aus auf die Erzeugung menschlichen Lebens hingeordnet bleiben« müsse und ein absichtlich unfruchtbar gemachter ehelicher Akt in sich unsittlich sei (Pfürtner 1972, S. 111 ff.).
So scheint »die reproduktive Sexualideologie heute noch der wichtigste Bestandteil der von der Kirche und auch vom Staat« (Giese und Schmidt 1968, S. 385) vertretenen Moral – trotz gewisser Liberalisierungstendenzen. Die Stärke des Zusammenhangs von institutionalisiertem Christentum und bürgerlicher Moral wird immer dann deutlich, wenn die Emanzipation der Sexualität scheitert und wenn repressive Maßnahmen durchgesetzt werden (vgl. Savramis 1977, Gindorf 1977). Dies findet z. B. seinen Niederschlag, wenn es darum geht, die reproduktive Funktion der menschlichen Sexualität zu relativieren, etwa in gesetzlichen Regelungen über Empfängnisverhütung, Schwangerschaftsabbruch, Homosexualität, Sexualität von und mit Minderjährigen usw.

2.2.2 Lustfunktion

Es ist einseitig, Sexualität nur als Mittel zum Zweck der Fortpflanzung zu interpretieren; als weitere wichtige Funktion muß die Entspannungs- bzw. Lustfunktion des Sexualverhaltens gesehen werden, welche die im *Erleben* wichtigste Funktion sein dürfte. Sie bekommt schon in der Kindheit Bedeutung, wenn auto-erotische Spiele beginnen. R. Spitz (1964) konnte in seinen Forschungsergebnissen aufzeigen, wie wichtig es für die Entwicklung des Kindes ist, daß die Eltern die masturbatorischen Spiele akzeptieren; denn das Akzeptieren der eigenen Geschlechtlichkeit, das Körpergefühl und die Differenzierung der Empfindungen und Gefühle stehen im engen Zusammenhang mit der Lustfunktion. Sexualität stellt »eine der wichtigsten lustvollen Reizquellen des Menschen dar« (Runkel 1979, S. 42).

Wenn man sich vergegenwärtigt, daß jemand einen Orgasmus haben kann, aber dennoch nicht befriedigt ist, bzw. daß sexuelle Befriedigung nicht notwendig Orgasmus voraussetzt, wird deutlich, daß die Fähigkeit, durch Sexualverhalten Lust und Genuß zu erfahren, nicht allein durch physiologische Vorgänge erklärbar ist, sondern auch »geistigen Faktoren« (Müller-Suur 1971, S. 244 f.) eine wichtige Bedeutung zukommt; dies gilt sowohl für das konkrete sexuelle Verhalten als auch für das Erleben der Sexualität. Müller-Suur bezeichnet die geistigen Faktoren als »Dimension der Liebe«, welche von den biologisch-sexuellen Voraussetzungen – der »Dimension der Sexualität« – unterschieden werden müsse.

Sexualität erschöpft sich nicht einfach in einem affektiv-triebhaften Geschehen. So meint Kentler (1973, S. 25), daß »kopflos« allenfalls Fortpflanzung möglich sei, wenn man aber die Beziehung zu allen Wahrnehmungsorganen, zu den Fähigkeiten, die der Gehirnstruktur zu verdanken sind (Denken, Phantasie, Erinnerung usw.) mitbedenkt, müsse man zu der Überzeugung kommen, daß die Sexualität, wenn überhaupt irgendwo, dann zuerst und vor allem im Kopf lokalisiert sei und weit über den Fortpflanzungszweck hinaus im individuellen wie im sozialen Leben eine überragende Bedeutung haben müsse.

2.2.3 Soziale Funktionen

Das menschliche Sexualverhalten hat somit auch ausgesprochen soziale[4] und sozialisierende Funktionen: Was Müller-Suur (1971, S. 257) als »das Streben nach mitmenschlichem Verstehen und Liebesgenuß« im menschlichen Sexualverhalten bezeichnet, nennt Giese (1962, S. 227) »das soziale Faktum der Wir-Bildung« und Schnabl (1972, S. 18) meint den gleichen Sachverhalt, wenn er von der »gemeinschaftsbildenden Funktion« der Sexualität spricht.

Hier findet die Tatsache Berücksichtigung, daß Menschen u. a. über das Sexualverhalten mit anderen Menschen in Kontakt treten, und soziale Bindungen entstehen – unabhängig vom Niveau, von der Intensität, der zeitlichen Dauer dieser Bindungen und den Absichten. Wie diese Kontakte erlebt werden, ist von verschiedensten Faktoren abhängig, damit nicht generell bestimmbar und sowohl inter- als auch intraindividuell variabel.

Sexuelles Verhalten kann darüberhinaus für den Menschen (individuell gesetzt) unterschiedliche Funktionen haben: es kann Mittel sein, um Zuneigung, Sympathie, Zärtlichkeit oder Liebe, Geborgenheit und Bestätigung zu vermitteln oder zu erleben; es kann der Entspannung, der Erholung und dem angenehmen Zeitvertreib dienen. Den genannten Funktionen des Sexualverhaltens (Fortpflanzungs-, Lust-, soziale Funktionen) können weitere aufgepfropft werden: in der Prostitution z. B. die Funktion, Geld zu erwerben.
Unabhängig von den Funktionen des sexuellen Verhaltens, welche eine Gesellschaft oder ein Individuum für gültig hält, erscheint Sexualität als der »sinnfälligste Ausdruck der Kreatürlichkeit des Menschen« (Plack 1970, S. 290), und ist der Mensch »als Sexualwesen auch ein soziales, zu sozialen Bindungen fähiges Wesen« (Kentler 1973, S. 28); soziales Wesen auch in dem Sinn, daß er mit anderen Menschen lebt, in eine Welt hineinwächst mit einer Kultur und Sprache, mit Traditionen und Normen.

2.3 Normen und Werte

Wie schon erörtert, ist die menschliche Sexualität an naturgegebene Voraussetzungen gebunden; im Zusammenhang mit der Diskussion der Normen- und Werteproblematik ist aber weniger dieses Faktum von Interesse, als vielmehr die Tatsache, daß die individuellen Formen des Sexualverhaltens beim Menschen nicht einfach Folge biologischer Anlagen sind und »daß noch in keiner Gesellschaft und zu keiner Zeit Sexualität als Naturerscheinung verwirklicht wurde«; Äußerungsformen der Sexualität sind allenthalben von »kulturell Gewordenem überwuchert«, so daß diese immer nur als »Produkte von Sozialisationsprozessen«[5] aufzufassen sind (Kentler 1979, S. 75; vgl. auch Ford und Beach 1968, Taylor 1970, Reiss 1970, Christensen 1971).

2.3.1 Erklärung des Begriffs »Norm«

»Norm« geht auf das lateinische Wort »norma« zurück, das ursprünglich ein technisches Winkelmaß[6] bezeichnete. Später, auf das menschliche Handeln übertragen, bedeutete es Richtschnur, Regel, Vorschrift.
Der Gebrauch des Wortes »Norm« ist relativ konsistent.[7] Weiterhin besteht Übereinstimmung in den beiden wichtigsten Bedeutungen[8]:
1. Norm als Durchschnitt bezeichnet einen deskriptiv-statistischen Tatbestand und bezieht sich auf das besonders häufige Vorkommen in einer bestimmten Stichprobe. Es wird ein mehr oder weniger großer Streuungsbe-

reich um den Mittelwert als Norm bzw. Normbereich bezeichnet; »normal« ist alles, was häufig ist; entsprechend repräsentieren die beiden Extrembereiche statistisch »abnorme« Merkmalsausprägungen.
2. Norm als Richtschnur meint eine regelnde Vorschrift: was man tun soll.
Normen im zweiten Sinn werden von Individuen und Gruppen festgelegt; vielfach werden Institutionen geschaffen, um Normen zu setzen (so z. B. gesetzgebende Institutionen). Für die Wirksamkeit von Normen sind die Sanktionsmöglichkeiten[9] von Bedeutung.
Man kann nur dann sinnvoll von einer solchen Norm sprechen, wenn es sich um einen zeitlich nicht festgelegten, vorgeschriebenen Standard handelt, der von der Gesellschaft bzw. von Individuen oder Gruppen gesetzt wird und sich, unabhängig von der tatsächlichen Realisierbarkeit, auf das Verhalten von Individuen bezieht und mit Hilfe von Sanktionen Verhaltenskonformität[10] zu erzwingen versucht.

2.3.2 Erklärung des Begriffs »Wert«

Der Begriff »Wert« wird in zwei unterschiedlichen Bedeutungen angewendet:
1. »Wert als Maßstab meint einen Standard, an dem gemessen wird, ob etwas wertvoll ist oder nicht.«
In diesem Sinne stellt der Wert ein Kriterium dar, mit welchem man an Dinge herangeht und mit dessen Hilfe man Dingen, Handlungen oder Zielen Bewertungen oder Zensuren zuteilt. Wert als Maßstab gibt Orientierungen und normative Ordnungskriterien.
2. »Wert als Gut meint die Dinge selbst, die am Wertmaßstab gemessen und für gut oder schlecht befunden werden« (Lautmann 1969, S. 26).
Lautmann weist jedoch selbst darauf hin, daß die Unterscheidung Maßstab – Gut nicht völlig trennscharf, sondern eher etwas vage sei. Wir wollen uns hier auf die Betrachtung von Wert als Maßstab beschränken.
Als wesentlich stellte sich das normative Element heraus, welches in keiner Definition fehlt; es wird durch Wörter wie »gut« oder »richtig« und dergl. ausgedrückt. Bei Werten spielen Sanktionen keine Rolle; Werte gewinnen ihre »verhaltensorientierende Kraft immer durch die mittelbaren Sanktionen der internalisierten Kontrollmechanismen«[11] (Dreitzel 1968, S. 130).

2.3.3 Abgrenzung der Begriffe Wert und Norm und Funktionen von Normen

Lautmann (1969) begründet die Unterscheidbarkeit der Begriffe Norm und Wert zunächst aus seiner Sprachanalyse, die ergab, daß Normen nur das Handeln oder Verhalten betreffen, Werte aber komplexer sind und neben dem Handeln »alle weiteren Objekte« wie etwa Eigenschaften, Zustände usw. umfassen.
Es läßt sich also sagen, daß Werte die umfassenderen Begriffe sind; sie kön-

nen »internalisierte Verhaltensorientierungen« (Dreitzel 1968) oder »internalisierte Standards« (Christensen 1971) von allgemeiner Art darstellen, in denen sich je nach Kultur verschiedene Auffassungen richtigen sozialen Handelns ausdrücken. Normen sind hingegen spezieller, nämlich die »sanktionierten Regeln menschlichen Handelns« (Lautmann 1969, S. 71, vgl. auch Dreitzel 1968).

Diese Abgrenzung ist nicht als absolute anzusehen, denn »viele Standards haben den Charakter sowohl von Wert als auch von Norm« (Lautmann 1969, S. 71). Im übrigen besteht ein enger funktionaler Zusammenhang zwischen beiden Begriffen: aus geläufigen Werten wie z. B. Ehrlichkeit, Gesundheit oder demokratisches Verhalten, welche an sich noch keine verhaltensregelnden Bestimmungen darstellen, werden durch theoretische Annahmen oder Interpretationen Normen abgeleitet[12]. Beispielsweise ist aus dem Wert »Gesundheit« die Forderung des Nichtrauchens ableitbar.

Normen sind zur Verhaltensregelung unerläßlich; sie sind Ordnungsprinzipien in Form von Geboten und Verboten. Sie bieten Sicherheit, weil sie Beziehungen regeln, Willkür reduzieren und somit Gruppen zusammenhalten; oder m. a. W.: Normen sind Problemlösungsversuche gegenüber menschlichen Interaktionsproblemen, wie sie sich in bestimmten Bereichen – z. B. eben der Sexualität – ergeben.

2.3.4 Beschreibung von Normen (Normen als Richtschnur)

Bisher haben wir ganz allgemein von Normen gesprochen; einzelne Normen unterscheiden sich aber von anderen durch ihren Gültigkeitsanspruch, ihre Anwendbarkeit, ihre Begründung und die Art und den Grad der geforderten Konformität.

Normen variieren außerordentlich – sie sind in verschiedenen Gesellschaften, aber auch in verschiedenen Gruppen innerhalb einer Gesellschaft und zu verschiedenen Zeiten unterschiedlich (Brandt und Köhler 1972, S. 1721).

Wir wollen uns deshalb der Beschreibung einiger Formen von Normen zuwenden. Sie sind in Anlehnung an Brandt und Köhler (1972, S. 1721 ff.) nach dem Grad ihrer Explikation und dem Härtegrad der zu erwartenden Sanktionen bei Nichtbefolgung geordnet und sind meist Konkretisierungen allgemeiner Normenkonzeptionen:

1. *Gesetze* enthalten meist schriftlich formulierte prinzipielle Verhaltensvorschriften, werden durch eine Organisation, Institution oder Autorität beschlossen und durchgesetzt und sind für die Zeit ihrer Wirksamkeit für alle zu ihrem Gültigkeitsbereich gehörenden Individuen obligatorisch. Abweichungen werden strafrechtlich verfolgt, Gesetze sind somit dadurch gekennzeichnet, daß sie Individuen den geringsten Spielraum lassen.
2. *Sitten und moralische Normen* sind ähnlich streng in ihren Anforderungen, werden aber im Unterschied zu den Gesetzen von der Mehrheit einer Gruppe oder Institution (durch »die Öffentlichkeit«) verkündet und über-

wacht. Sie sind Vorschriften, von denen angenommen wird, daß sie das Wohl einer Gesellschaft fördern und den »Verfall« verhindern. Die Entstehung solcher Normen ist meist nicht klar erkennbar. Sie sind weniger rational begründbar als Gesetze, sind aber ebenso wandelbar: allerdings haben sie die Tendenz, sich zu verfestigen. Die öffentliche Meinung ist hier die Instanz, welche den Zwang zur Einhaltung dieser Normen ausübt. »Die meisten sogenannten moralischen Normen sind aus religiösen Normen abgeleitet; beide können jedoch auch miteinander in Konflikt stehen«, z. B. bei Fragen der Geburtenkontrolle oder des menschlichen Sexualverhaltens. Sie »werden entweder durch die Gruppe oder aber durch das eigene Gewissen repräsentiert und kontrolliert« (MacIver und Page, zit. nach Brandt und Köhler 1972, S. 1722).

3. *Bräuche oder Volkstum* sind selten ausdrücklich formulierte Vorschriften, entstehen nicht geplant und sind leicht wandelbar. Abweichungen werden selten bestraft, es handelt sich hier um Gewohnheiten, um Übliches, welches durch häufige Wiederholungen verfestigt wird.

Beispiele dafür sind: die Anzahl der Mahlzeiten, der Gebrauch von Messer und Gabel usw. Durch Bräuche werden die Interaktion zwischen Menschen und die Art der Lebensführung geregelt; sie sind auf die Ausführung bestimmter Handlungen bezogen.

4. *Riten, Rituale und Zeremonien* hängen eng mit Sitten und moralischen Normen zusammen und regeln den Ablauf bestimmter Prozeduren, welche einen kontrollierten Ablauf garantieren und dem Ereignis Bedeutung verleihen sollen; sie sind aber durchaus wandelbar. Es besteht die Erwartung der Konformität; Abweichungen sind unerwünscht und werden durch Verachtung und Isolation bestraft. Zu denken wäre hier etwa an Beerdigungen oder Hochzeiten und dergleichen.

5. *Konventionen und Etiketten* meinen Gepflogenheiten, welche auf Vereinbarungen über bestimmte Formen des Verhaltens in einer gegebenen Situation beruhen bzw. genaue Verhaltensvorschriften für bestimmte Anlässe bieten. Konventionen und Etiketten werden willkürlich geschaffen und ebenso willkürlich verändert. Abweichungen werden als störend empfunden und rufen Verwunderung hervor.

Ein Beispiel dafür geben Watzlawick et al. (1971, S. 20): Während des Krieges herrschte unter amerikanischen Soldaten die Ansicht vor, daß junge Engländerinnen sexuell überaus leicht zugänglich seien. Diese behaupteten wiederum von den Amerikanern, sie seien übertrieben stürmisch. Bei näherer Untersuchung stellte sich heraus, daß das »Paarungsverhalten« – vom Kennenlernen bis zum Geschlechtsverkehr – in England wie in Amerika ca. 30 verschiedene Verhaltensformen durchläuft, die Reihenfolge dieser Verhaltensformen aber in den beiden Kulturbereichen verschieden ist. So kommt das Küssen in Amerika relativ früh, etwa auf Stufe 5, jedoch in England erst relativ spät, etwa auf Stufe 25. Eine Engländerin, die sich küssen ließ, war um die vielen Stufen vorher »betrogen« und hatte für sich schon dem Geschlechtsverkehr zugestimmt.

4.1.2 Ethologie

Die Ethologie als biologische Wissenschaft beschäftigt sich ausführlich mit sexuellen Verhaltensweisen von Mensch und Tier. Zum einen entwickelte die Ethologie eine sehr differenzierte und umfassende Methodologie zur Beobachtung und Interpretation sexueller Verhaltensweisen, und sie erarbeitete ein immenses Material zu diesem Thema. Zum anderen fanden es einige Ethologen notwendig, Theorien über sexuelles Verhalten aufzustellen. Sie sahen dabei vor allem die biologischen Notwendigkeiten der Sexualität.

Wir werden zuerst ein Beispiel über die Arbeitsweise der Verhaltensforscher auf diesem Gebiet erläutern und dann einige theoretische Aussagen streifen.

Ein ideales Ziel der deskriptiven Ethologie ist die Erfassung eines Ethogramms. Darunter versteht ein Ethologe einen möglichst vollständigen Katalog aller Verhaltensweisen einer Tierart. Durch phylo- und ontogenetische Betrachtungen werden dann die einzelnen Verhaltenskomponenten zu Verhaltens- und damit Instinktkreisen geordnet.

Ein Beispiel mag die Balz des Pfauen bilden. Der Pfau schlägt ein sehr auffälliges Rad mit seinen ungewöhnlich langen Schwanzfedern; zudem rüttelt er in charakteristischer Weise; auch bestimmte Lautäußerungen gehören zur Balz. Der Pfau zeigt nun sehr oft sein Rad; kommt eine Pfauhenne, die paarungsbereit ist, in die Nähe, so verstärkt sich sein Balzen; er nimmt die Henne sozusagen in den Brennpunkt seines Rades. Die Henne fängt daraufhin an, heftig auf den Boden zu picken, als fände sie dort viel Futter. Nach längerem Balzzeremoniell reitet der Pfau auf.

Bemerkenswert ist an diesem Beispiel, daß die Ethologie durch vergleichende Studien belegen konnte, daß Elemente des Brutpflegeverhaltens in die Balz aufgenommen worden sind. Der Pfau verhält sich wie eine Pfauhenne, die ihre Küken zum Futter lockt, und die Henne »spielt« Küken, indem sie imaginäre Körnchen sucht.

Innerhalb des Instinktkreises des Fortpflanzungsverhaltens kommt es sehr oft zu solchen Übertragungen von Elementen der Brutpflege in das Werbeverhalten vor der geschlechtlichen Vereinigung. Oft werden die Weibchen von den Männchen z. B. gefüttert, oft imitiert das Weibchen kindliche Ausdrucksformen.

Die Humanethologie erblickt auch beim menschlichen Sexualverhalten ähnliche Mechanismen. So sollen Männer z. B. durch kindlich aussehende Stupsnäschen bei Frauen gereizt werden und auch die Zärtlichkeiten des Vorspiels sollen Elemente der Mutter-Kind-Beziehungen enthalten.

In der Regel gehen Ethologen bei der theoretischen Beurteilung des menschlichen Sexualverhaltens von einem Vergleich mit wildlebenden Tieren aus. Konrad Lorenz prägte dabei die Formel »Verhausschweinung« des Menschen. Er versteht darunter die Angleichung menschlicher Verhaltensweisen an die Haustiere. Bei Haustieren kommt es oft zu einer starken Zu-

nahme sexueller Verhaltensweisen im Vergleich zur Wildform. Ebenso wie Schaller bescheinigt Lorenz dem Menschen ein hypertrophiertes Sexualleben (zit. nach Schaller 1974).
Etwas anders wird menschliches und tierisches Sexualverhalten von einigen amerikanischen und auch deutschen Ethologen beurteilt. Sie vergleichen den Menschen weniger mit irgendwelchen Tierarten als vielmehr mit seinen nächsten Verwandten im Tierreich, den Affen. Bei den Affen, insbesondere den Pavianen und Menschenaffen findet sich ein sehr starkes Sexualverhalten. Es dient dort nicht nur der Fortpflanzung, sondern auch der Bindung der Gruppenmitglieder untereinander. Ähnliche Funktionen der Sexualität vermuten die Forscher auch beim Menschen; sie wäre daher auch »von Natur aus«, biologisch betrachtet, gar nicht nur zur Fortpflanzung eingerichtet (s. auch Kap. 2 über Funktionen).

4.1.3 Lernpsychologie

In der Lernpsychologie wird menschliches Verhalten als erworben angesehen, auch wenn ererbte Grundlagen nicht geleugnet werden. Die Lernpsychologie bedient sich vor allem des spezifisch-psychologischen Experiments. Aus dieser Tatsache ergeben sich bestimmte Vor- und Nachteile, wenn wir sexuelles Verhalten im Licht der Lernpsychologie sehen wollen.
Es gibt keine eigentlich lernpsychologisch fundierte Theorie sexuellen Verhaltens[20].
Die bedeutenden Lerntheorien finden ihre empirischen Grundlagen in anderen Verhaltensbereichen. Wenn wir annehmen – und dies muß eine Annahme bleiben, da im engeren Sinne empirische Befunde fehlen – daß sexuelle Verhaltensweisen nach den gleichen Modalitäten entstehen wie anderes Verhalten auch, können wir die Lerntheorien zur Erklärung von Sexualverhalten heranziehen. Ein lernpsychologisch orientierter Ansatz der Sexualwissenschaft hätte entscheidende Vorteile vor den herkömmlichen triebdynamischen Modellen (s. S. 39): das Sich-Herausbilden individueller Verhaltensweisen, aber auch der Emotionen müßte in seiner jeweiligen Geschichte genau untersucht werden; pauschalierende Annahmen über das Wirken allgemeiner biologischer Triebe würden durch erfahrungswissenschaftliche Rekonstruktionen der tatsächlichen Befunde ersetzt. Aber dies bleibt vorerst nur ein vages Programm, denn genau diese Verhaltensanalysen im Detail wurden von Lernpsychologen bisher in bezug auf Sexualverhalten und -erleben nicht unternommen. Von vereinzelten Versuchen aus dem Bereich der Verhaltenstherapie wird an anderer Stelle (s. Kap. 8) berichtet.
Die Entwicklung der Allgemeinen Psychologie im 20. Jahrhundert brachte die verschiedenartigsten Lerntheorien hervor. Bleibender Einfluß scheint vor allem drei Modellen zuzukommen: dem Klassischen Konditionieren von Pawlow, dem Operanten Bedingen von Skinner und dem Lernen am Modell von Bandura.

Im Rahmen des Klassischen Konditionierens läßt sich manche Fetischbildung erklären: Irgendein Gegenstand schiebt sich ins Blickfeld, während jemand eine Erektion und einen Orgasmus erlebt (Erektion und Orgasmus werden z. B. durch taktiles Stimulieren der Genitalien bewirkt, was als angeborene, natürliche Auslösung zu betrachten ist). Durch die Kopplung mit einer dieser Reaktionen gewinnt nun auch ein neutraler Sinnesreiz auslösende Qualitäten: der Anblick z. B. eines Strumpfbandes löst schon eine Erektion, evtl. einen Orgasmus beim so konditionierten Mann aus. Rachmann (s. Kap. 8.5.2) ist ein entsprechendes Experiment zum Fetischismus gelungen.
Im Falle des Operanten Konditionierens wird ein bestimmtes Verhalten durch Verstärkungen wahrscheinlicher bzw. durch Strafen unwahrscheinlicher. Als (angeborene) Verstärker werden die Gefühle, die bei der Stimulation erogener Zonen entstehen, und nicht zuletzt der Orgasmus selbst angesehen. Solche Stimulationen (genauer: die von ihr hervorgerufenen Gefühle) können als Verstärker eingesetzt werden. Aus Tierversuchen ist bekannt, daß Rattenmännchen nicht nur um des Orgasmus willen Lernaufgaben bewältigen, sondern auch um der – stets vor der Ejakulation von außen beendeten – Kopulation willen. Erlernte (sekundäre) Verstärker können alle Reize werden, die mit primären Verstärkern genügend oft gemeinsam auftreten (z. B. der Fetisch des Fetischisten). Insgesamt fehlen gerade zum Prinzip des Operanten Konditionierens noch eindeutige Befunde aus der Humanpsychologie.
Ein plausibel erscheinendes Beispiel ist aber der Mann, der lernt, den Klitorisbereich seiner Partnerin optimal zu stimulieren; das kann ein langwieriger Lernprozeß sein. Als Verstärker ist der Orgasmus bzw. jede gezielte Rückmeldung seitens der Frau zu sehen.
Auch die Masturbation, zumal bei der Frau, dürfte durch operantes Bedingen gelernt sein; allerdings ist zumeist auch Lernen am Modell beteiligt (am verbalen Modell, d. h. an Schilderungen etc.).
Schließlich wird auch deviantes Verhalten vielfach als operant gelernt interpretiert; so schreibt z. B. Kockott (1977, S. 65): »Die betreffende Person wiederholt die Handlung, die durch das Erlebnis des Orgasmus verstärkt worden war.«
Sexuelles Verhalten ist größtenteils interaktives Verhalten und bildet insofern auch einen wichtigen Gegenstand der Sozialpsychologie. Die Theorie des Lernens am Modell scheint daher besonders relevant; sie erklärt das Zustandekommen sozialer Verhaltensweisen durch Prozesse der Aufnahme und Speicherung von Verhaltensweisen, die anderen Menschen, sog. Modellen, abgeschaut werden. In ihrem Buch »Social learning and personality development« (1963), in welchem die Sozialisationstheorie im obengenannten Sinne ausführlich dargestellt wird, bringen die Autoren Bandura und Walters auch Beispiele zum Sexualverhalten. Sie gingen von Alltagsbeobachtungen aus und fanden, daß männliche Jugendliche bei den in den USA üblichen Datings (s. Kap. 6) häufiger zum Geschlechtsverkehr kamen,

wenn dieses Dating in Gruppen stattfand, als wenn sie allein waren. Diese Häufigkeitsverschiebung wird von den Autoren im Sinne eines enthemmenden Effektes interpretiert. Denn durch Modelle werden nicht nur völlig neue Verhaltensweisen in das Repertoire aufgenommen, es werden auch bereits vorhandene Verhaltenstendenzen gehemmt oder gefördert (sog. inhibitorische bzw. desinhibitorische Effekte). Um näher zu prüfen, ob die Theorie des Lernens am Modell auch im Bereich sexueller Verhaltensweisen gültig sei, entwarfen Walters et al. (zit. nach Bandura und Walters 1963) das folgende Experiment, in dem es um die Überprüfung hemmender und enthemmender Effekte ging: Sie zeigten männlichen und weiblichen Studenten einen Film, in dem nackte oder fast nackte Männer und Frauen fotografiert waren. Die Figuren in diesem Film waren so ausgewählt, daß sie sexuelle Reaktionen auslösen konnten. Die Versuchspersonen in diesem Experiment trugen einen »Helm«, auf dem eine Kamera so montiert war, daß sie die Augenbewegungen fotografieren konnte. In der einen Versuchsgruppe lief über die gefilmten erotischen Figuren ein Lichtpunkt in der Weise, daß er Brüste und Genitalien berührte; bei der anderen Gruppe von Versuchspersonen mied der Lichtpunkt die nackten Figuren. Den Versuchspersonen wurde gesagt, jener Lichtpunkt markiere die Augenbewegungen früherer Versuchspersonen. Sie meinten nun, daß andere Menschen die Genitalien bevorzugt angeschaut bzw. gemieden hatten. Daraufhin zeigte sich ganz deutlich (statistisch signifikant), daß die Versuchspersonen die geschilderten Modelle nachahmten. Wer meinen durfte, daß die Versuchspersonen (die Modelle) vor ihm nichts dabei gefunden hatten, die nackten Körper der erotischen Figuren zu betrachten, der scheute sich auch nicht, dies selbst zu tun. Im umgekehrten Fall machte sich bei der sog. Kontrollgruppe deutlich der hemmende Effekt der Modelle geltend; ebensowenig wie ihre vermeintlichen Vorgänger getrauten sich diese Versuchspersonen ihren Blick auf die nackten Körper zu konzentrieren.

Dieses Experiment belegt die These, daß die Theorie des Lernens am Modell auch im Bereich sexueller Verhaltensweisen Gültigkeit beanspruchen kann. Wir lernen in diesem Experiment etwas über die Art und Weise, wie sexuelle Verhaltensweisen gehemmt bzw. enthemmt werden können. Es beansprucht selbstverständlich nicht, Aussagen über Sexualverhalten der Menschen schlechthin zu ermöglichen. Dies ist aber auch nicht wesentlich; wesentlich ist vielmehr, daß sich hier eine sozialpsychologisch relevante Lerntheorie im sexuellen Bereich wissenschaftlich bewährt hat und wir somit genaue Informationen über *mögliche* dynamische Abläufe gewinnen.

4.1.4 Beiträge der Differentiellen Psychologie

Während die Allgemeine Psychologie, und um diese handelt es sich ausschließlich bei den bisher geschilderten Überlegungen, die Grundfrage der Struktur und Dynamik des Verhaltens der Menschen schlechthin stellt, geht es der Differentiellen Psychologie um die systematischen Unterschiede des Verhaltens zwischen verschiedenen Menschen in vergleichbaren Situationen[21].

Bezeichnend ist nun der Sachverhalt, daß sich die Differentielle Psychologie bisher wenig um sexuelle Verhaltensweisen gekümmert hat. Gelegentlich tauchen bei den großen faktorenanalytischen Systemen der Differentiellen Psychologie Variablen auf, deren Beschreibung eine gewisse Affinität zum sexuellen Bereich zu verraten scheint. Z. B. finden sich immer wieder sog. Maskulinitäts-Feminitätsskalen. Es wäre aber ein Irrtum, von ihnen vorschnell einen Hinweis auf Sexuelles zu erwarten. So schreibt Guilford (1964, S. 413), daß die entsprechende Skala in seinen Untersuchungen selbstverständlich keine Schlüsse auf sexuelles Verhalten oder gar Homosexualität zulasse.

Der einzige Autor, der sich bisher im Rahmen der Differentiellen Psychologie ausführlich mit dem Thema beschäftigt, ist Eysenck (1976). Ihm geht es nicht darum, repräsentative Daten zu sammeln, sondern er möchte seine spezifische Persönlichkeitstheorie sich auch im sexuellen Bereich bewähren lassen. Er polemisiert gegen sexualwissenschaftliche Ansätze, welche theorielos einfach z. B. durch Befragen empirische Verteilungen festzustellen versuchen. Eysenck ist der Ansicht, daß sexuelles Verhalten nur im Lichte einer präformierten Theorie zu erfassen ist und zitiert in diesem Zusammenhang Th. Huxley, nach dem diejenigen, welche nicht über Fakten hinauszugehen wagen, selten bis zu den Fakten kommen.

Das sexualwissenschaftliche Vorgehen von Eysenck besteht in einer Zuordnung bestimmter Verhaltensweisen zu seinen Persönlichkeitsfaktoren. Es kann in unserem Zusammenhang nicht ausführlicher auf seine empirischen Ergebnisse eingegangen werden; dazu sind sie zu vielfältig. Eysenck untersuchte Studenten, Erwachsene, Männer und Frauen, psychiatrische Patienten etc. mit sehr ausführlichen Fragebogen. Die Ergebnisse werden mit den Mitteln der Faktorenanalyse in Beziehung zu den von ihm früher erarbeiteten Persönlichkeitsdimensionen gesetzt. Wichtig ist für ihn vor allem die Persönlichkeitsdimension Extra-Introversion. Aufgrund seiner persönlichkeitstheoretischen Annahmen macht Eysenck in bezug auf Extravertierte folgende Voraussagen, die sich in seiner Arbeit auch empirisch bestätigten:

1. Extravertierte werden bereits in jüngeren Jahren Geschlechtsverkehr ausüben als Introvertierte,
2. Extravertierte werden Geschlechtsverkehr häufiger ausüben als Introvertierte,
3. Extravertierte werden zu größerer Promiskuität neigen als Introvertierte,
4. Extravertierte werden verschiedenartigere Positionen beim Geschlechtsverkehr bevorzugen als Introvertierte
5. Extravertierte neigen – abgesehen vom eigentlichen Geschlechtsverkehr – zu verschiedenartigeren erotischen Verhaltensweisen,

6. Extravertierte bevorzugen ein längeres Koitusvorspiel als Introvertierte (Eysenck 1976, S. 24).

Diese Hypothesen haben sich, wie schon gesagt, empirisch bestätigt. Es hat also den Anschein, als ob Extravertierte – grob gesprochen – die sexuell Aktiveren und die besseren Liebhaber seien. Man sollte aber, und dies wird bei Eysenck nicht deutlich genug hervorgehoben, die historischen Randbedingungen, die solche Befunde produzieren, nicht vergessen:

Extravertierte Menschen sind als weniger lernfähig charakterisiert; sie unterliegen schneller Sättigungsphänomenen. Ihre sozialen Lernprozesse verlaufen daher in der Regel unvollständiger als diejenigen der Introvertierten. So finden sich insgesamt z. B. unter den Kriminellen mehr Extravertierte als Introvertierte. Weil Extravertierte ihre Lektion, d. h. die verbreitete soziale Einstellung, Sex sei sündig und habe am besten zu unterbleiben, wegen ihrer konstitutionellen Voraussetzung schlechter gelernt haben als Introvertierte, werden sie unter den Bedingungen einer repressiven Sexualmoral die besseren Liebhaber. Gäbe es jedoch im Sozialisationsprozeß Erziehungseinflüsse, die zu einer positiven Einstellung gegenüber Sex und Liebe führten, so könnten gerade die sozialen Lernprozessen stärker unterworfenen Introvertierten zu einem variableren, freieren und befriedigenderen Sexualleben kommen.

Auch bezüglich der Persönlichkeitsdimension Neurotizismus (psychische Labilität bzw. Stabilität) formuliert Eysenck sozialwissenschaftliche Hypothesen, welche sich ihm empirisch bestätigen. So sind psychisch Labile weniger in der Lage, ein befriedigendes Sexualleben zu führen als psychisch Stabile. Sie neigen, auch in bezug auf Sexualität, mehr zu Ängsten und Zwängen.

Menschen mit hohen Psychotizismuswerten[22], bevorzugen unpersönlichen Sex, der häufig mit bizarren, z. B. masochistischen und sadistischen Tendenzen durchsetzt ist[23].

4.2 Sexuelle Motivation

Wegen der besonderen Bedeutung, die der *Trieb*begriff im Bereich der Sexualwissenschaften erhalten hat, sei ein gesonderter Blick auf die sexuelle Motivation getan.

Sexuelles Verhalten wird von den verschiedensten Wissenschaften untersucht, die jeweils ganz verschiedenen Traditionen verhaftet sind und mit divergierenden Methodologien vorgehen. So konnte es nicht ausbleiben, daß die anscheinend gleichen Phänomene ganz unterschiedliche Beschreibungen und Wertungen erfuhren. Unter Weglassung wichtiger Disziplinen wie z. B. der Kulturanthropologie[24] wählen wir vier Beispiele aus, um die Vielfalt der Meinungen zu belegen. Wir halten uns an die weiter oben schon geschilderten Theorien.

Die Tatsache, daß gleichlautende Begriffe oft verschiedene Bedeutungen

haben, trägt insbesondere zur Verwirrung bei; dies gilt vor allem für die sexuelle Motivation, also für die Antriebskomponente des sexuellen Verhaltens.
Für diese Antriebskomponente werden die Bezeichnungen »Trieb«, »Instinkt«, »Motivation«, »Antrieb« usw. verwendet.

4.2.1 Psychoanalytisch orientiertes Triebkonzept

Im Bereich der Psychoanalyse Freudscher Prägung wird unter Trieb eine Bereitschaft zur Handlung verstanden. Aus einer somatischen Quelle gespeist, verwandelt sich der Trieb im unbewußten Lebensgrund, dem Es, in psychische Energie. Der Trieb ist nun nicht mehr als rein physiologische Größe zu denken, er erlangt vielmehr die Qualität eines psychisch präsenten, erlebten Dranges. Diese psychische Energie treibt zu ihrem Ziele, zur Befriedigung am Triebobjekt. Auf dem Weg von der Quelle zum Ziel kann die Triebenergie umgewandelt werden; als sublimierte Triebhaftigkeit sucht sie nun ein Ersatzobjekt, sie kann sich aber auch mit einer anderen Triebenergie mischen oder sie bricht geradezu auf das Triebziel aus. Freud unterscheidet in seiner Metapsychologie, d. h. in jenem Teil seiner Theorie, der sich nicht unmittelbar auf die psychoanalytische Technik bezieht, sondern seine Grundmodelle des psychischen Apparates darstellt, zwischen zwei großen Trieben: Der Eros stellt das Lebensprinzip dar; er führt als sexueller Trieb den Menschen auf das Sexualobjekt zu. Dieses Sexualobjekt wechselt im Lauf der Lebensgeschichte: zu Anbeginn ist der gegengeschlechtliche Elternteil das wichtigste Sexualobjekt (s. weiter oben: »Ödipuskomplex«). Der Todestrieb stellt den Gegenspieler des Eros dar. Beide stehen in einem verzwickten Wechselspiel. Mit Hilfe des Todestriebes überwältigt der Eros sein Objekt und gelangt so an sein Triebziel. Findet aber keine Mischung der beiden Grundtriebe statt, so wendet sich der Todestrieb seinem eigentlichen Ziel, dem Ich, zu, und beginnt, es unter dem Zeichen der Melancholie zu zerstören (Freud 1920, 1923).
Freud benutzt Triebbegriffe, um die Dynamik des Unbewußten zu beschreiben. Er entläßt die Triebe aber wieder, wenn sie diesen Zweck erfüllt haben und verdinglicht sie nicht zu den Quasirealitäten der Alltagssprache. Die Libido ist für ihn geronnene Geschichte; nie gibt er den billigen Rat einer Katharsis oder eines Auslebens in bezug auf die Sexualität.

4.2.2 Triebbegriff in der Ethologie

In der Ethologie werden die Begriffe Trieb und Instinkt als motivationale Konstrukte gebraucht. Klassisch wurde die Instinktdefinition von Tinbergen (1972). Nach ihm versteht die Ethologie unter Instinkt einen hierarchisch geordneten, zentralnervös gesteuerten Mechanismus, der ein angeborenes Handlungsschema darstellt, das auf äußere und innere Reize hin anspricht und mit wohlkoordinierten lebens- bzw. arterhaltenden Verhaltensmustern reagiert.

Auch Konrad Lorenz (1937), der zweite große Ethologe, benutzt den Begriff Instinkt. Bei ihm nähert sich aber der Instinktbegriff dem der Endhandlung an. Die instinktive Erbkoordination läuft über adäquate Auslösung fast mechanisch ab. Wenn z. B. ein Nahrungsbrocken den Rachenraum berührt, stellt dies die adäquate Auslösung für den Instinkt des Schluckens dar. Der Begriff »Instinkthandlung« beinhaltet für Lorenz eine Instinkt-Taxis-Verschränkung. Danach besteht die Instinkthandlung aus der Erbkoordination, z. B. jenen Muskelkontraktionen, die für das Schlucken typisch sind, daneben aber ist die Taxis-Komponente wichtig. Sie lenkt das Tier durch Auswertung von Sinnesreizen so, daß es zur Endhandlung kommen kann; z. B. wird der Hund nach einem wahrgenommenen Stück Fleisch schnappen.
Neben diesem eingeschränkten Instinktbegriff findet sich bei Lorenz (1963) auch das Wort »Trieb« in einer sehr unpräzisen Bedeutung. So definierte er etwa die Aggression als den auf den Artgenossen gerichteten Kampftrieb und spricht an anderer Stelle vom Aggressionsinstinkt. Wichtig ist auch hier die von ihm angenommene *angeborene* Verhaltensbereitschaft.[25]

4.2.3 Triebbegriffe in der Lernpsychologie

Auch einige Lernpsychologien benutzen einen Triebbegriff. Im System von Hull (1952) z. B. ist Trieb bzw. Drive die Antriebskomponente des Verhaltens. »Drive« oder »D« gibt die Stärke einer Verhaltenstendenz an und ist eine Funktion der Zeit, die seit der letzten Triebbefriedigung abgelaufen ist. D kann sich sowohl auf Angeborenes wie auf (durch Bekräftigung) erlerntes Verhalten beziehen. Bei angeborenen Verhaltenstendenzen spricht man von »primären Trieben«, bei erworbenen Tendenzen von »sekundären Trieben«.

4.2.4 Zur Kritik des Triebbegriffs in der Sexualforschung

Mit Wörtern wie »Trieb« oder »Motivation« ist zunächst nicht mehr ausgesagt, als daß einem Ereignis wie in unserem Falle der Verhaltensweise eines lebenden Organismus eine nicht unmittelbar ins Auge springende Ursache zugeschrieben wird. Eine Erklärung ist mit einer solchen Benennung noch in keiner Weise erreicht, wenn auch Wörter oft in fataler Weise die Mühen überzeugender Erklärungsversuche scheinbar erübrigen.
Das Rätsel der menschlichen Sexualität wird durch motivationale Konstrukte nicht gelöst. Es hat im Gegenteil den Anschein, als ob die sachgerechte Fragestellung durch solche Benennungen in manchen Fällen verschüttet würde.
Nehmen wir als Beispiel die Begriffsbildung »Sexuelle Triebenergie«. Sie hat zum Bild eines Staudammes geführt, hinter dem sich die Sexualität staue (hydraulisches Modell). Nun könne die Sexualität wie Wassermassen über

geordnete Kanäle wohldosiert abfließen oder auch zerstörerisch ausbrechen. Ein solches Bild verführt schließlich z. B. zu einer Quasi-Verwechslung von Samen- und Harnblase. Sexuelles Geschehen fügt sich also bald in die Abfolge von Stauung, Entleerungsdrang und – im Glücksfall – Spannungslösung. Abgesehen davon, daß ein solches Bild ohnehin nur für den Mann eine oberflächliche Analogie bilden kann und für die Frau nicht einmal dies zu leisten vermag, verdeckt es die wichtige Tatsache, daß für das sexuelle Verhalten zumindest des Menschen die Reizsuche kennzeichnender ist als die Endhandlung.

Nach Schmidt (1976) beinhaltet dieses psychohydraulische Modell der Sexualität eine soziale Definition der Sexualität, aber keine Erkenntnis. Wenn die Wissenschaft solchen Bildern Erkenntniswert im Faktischen zuschreibt, so erliegt sie der Faszination der Sprachspiele des Alltags. Schmidt verfehlt aber in seiner die triviale Psychoanalyse und Ethologie durchaus treffenden und vernichtenden Analyse die Position Freuds und einiger seiner Nachfolger zum Teil.

Menschliche Sexualität wird richtiger als ein Drang nach Reiz- und Lust*suche* denn als Trieb zur Entleerung beschrieben. Nicht eine physiologische Mangelsituation wie Hunger und Durst[26] bildet die Grundlage sexuellen Verhaltens, sondern eine plastisch-verletzliche Erinnerung, die immer wieder ansetzt, jenes Spiel zu inszenieren, das die Akteure in Erregung, Sehnsucht und Lust versetzt. Ob wir die Spielregeln wie Gagnon und Simon (1973) »social script« nennen oder sie uns von Sigmund Freud als stete Neudarstellung infantiler Wunschphantasien erklären lassen, oder die poetische Bestimmung der Liebe durch Platon aus dem »Symposion« und dem »Phaidros« als Anamnesis (Wiedererinnerung) akzeptieren, stets rückt die Lebensgeschichte mit ihren entwerfenden Ereignissen in den Aufmerksamkeitsmittelpunkt und nicht ein blinder, unhistorischer Trieb nach Entladung.

Vor allem Gagnon und Simon ist es zu danken, daß die Sexualwissenschaft die Bedeutung der Lerngeschichte und der Außenreize zu würdigen beginnt und die Monotonie der Triebmodelle durchbrochen wird. Wie Schmidt suchen jedoch auch Gagnon und Simon die Schuld an der falschen Stelle. Nicht die gelegentlich mißverständlichen Formulierungen Freuds begründeten die Herrschaft des psychohydraulischen Modells in der Sexualwissenschaft, sondern die Verwechslung von alltagswissenschaftlichen Konzepten mit problemlösenden Einsichten durch eine sich von der sozialwissenschaftlichen Reflexion loslösende Sexualforschung. Diese befand sich jedoch in Eintracht mit einer gewissen Art von Psychoanalyse, welche an psychohydraulische Formulierungen Freuds anknüpfte. Es mag wohl mit der sozialen Ächtung des Sexuellen zusammenhängen, daß die Selbstghettoisierung der Sexualforschung eintreten konnte.

Allerdings steht auch eine unvoreingenommene Phänomenanalyse sexuellen Verhaltens in der Gefahr, psychohydraulischen Vorstellungen – zumindest teilweise – anheimzufallen. Schmidt, aber auch Gagnon und Simon registrieren sehr wohl die oft scheinbar unprovozierte und impulsiv sich durchsetzende Sexualität, besonders der sogenannten Devianten. Bei Platon überfällt Eros sein Opfer wie ein Blitzschlag und die Zwangsmacht der Libido wird in den klassischen Analysen Freuds (1923) deutlich. Zu einer genauen Beschreibung gehört hier die Registrierung der Fähigkeit des Menschen zur symbolischen Repräsentation. In seiner Phantasie schleppt er sexuell stimulierende Erfahrungen an Orte, die nicht direkt Sexualität auslösen, aber jene Phantasien zu aktivieren vermögen, welche wiederum Sexualverhalten steuern.

Ein wichtiges Argument für die Triebtheorie der Sexualität bildete die im Tierversuch bei niedrigen Tieren eindeutig zu belegende Abhängigkeit des Sexualverhaltens von Sexualhormonen im Blutspiegel. Moderne Untersuchungen, vor allem bei Schmidt bzw. bei Gagnon und Simon referiert, zeigen aber, daß beim Menschen (und ähnlich auch schon bei höheren Tieren) zwar Sexualhormone für die Entwicklung des Sexualverhaltens unerläßlich sind, daß aber diese Hormone beim Mann in einer Menge ausgeschüttet werden, welche das Notwendige um das Drei- bis Vierfache übersteigt. Es ist auch keineswegs so, daß nach Sexualakten der Hormonspiegel sinkt, wie es dem hydraulischen Modell entspräche, vielmehr steigt er. Bei der Frau ist die Abhängigkeit von den Sexualhormonen noch geringer. Wenn überhaupt eine Korrelation besteht, dann könnte man die androgenen, also die männlichen Sexualhormone, als weibliche Libidohormone ansprechen[27]. Genaue Studien erbrachten bezüglich der weiblichen Sexualhormone, daß das Verhältnis von Östradiol und Progesteron nicht etwa die *Erregbarkeit* der Frau beeinflußt, sondern ihre *Attraktivität* für den Partner (zit. nach Schmidt 1975, S. 37). Hormone sind somit zwar insbesondere ontogenetisch für die Herausprägung sexueller Verhaltensmöglichkeiten unabdingbar, sie kontrollieren aber beim Menschen keineswegs das aktuelle Sexualverhalten, sieht man von einigen pathologischen Ausnahmefällen ab.

Ob häufig oder selten onaniert oder koitiert wird, ist eindeutig nicht abhängig vom Sexualhormonspiegel. Nicht nur die Modalitäten und auslösenden Reize, sondern auch der Drang und die motivierte Suche nach sexuellem Verhalten werden gelernt.

Die Frage, ob Sexualverhalten triebbestimmt ist oder nicht, darf nicht als rein akademische gelten. Je nach Antwort werden unterschiedliche Lösungsvorschläge zum Problembereich Sexualität eingebracht (s. Kap. 8). Nicht zuletzt könnte mit dem Triebmodell der Sexualität auch die modische Rede von der Repression entfallen, die ein Unterdrücken oder Blokkieren vorhandener sexueller Interessen meint. Was Repression genannt wird, wäre dann eher als ein Nichtentwickeln menschlicher Möglichkeiten zu interpretieren. Menschen, die sich trotz fehlender sexueller Interessen gesund und glücklich fühlen, müßten dann nicht spitzfindig doch wieder als Gestörte hingestellt werden, wie es im Denkansatz der Repression üblich ist.

5 Formen des Sexualverhaltens

In diesem Kapitel soll nur auf »normales«, also auf die in unserem Kulturkreis am weitesten verbreiteten Formen des Sexualverhaltens eingegangen werden. Dazu einige einleitende Überlegungen:
Wie sich die Entwicklung sexuellen Verhaltens vollzieht, wird in Kap. 6 aufgezeigt; dort wird deutlich auf die große Bedeutung des Lernens für die Entwicklung des Sexualverhaltens hingewiesen. Es ist ja keineswegs so, daß Geschlechtschromosomen, Sexualhormone, bestimmte Zentren im Gehirn, primäre und sekundäre Geschlechtsmerkmale – also Körperliches – das Sexualverhalten überwiegend bestimmen, vielmehr erbringt die Lerngeschichte (also die soziokulturellen Einflüsse) die Möglichkeit der Geschlechtsidentifikation und damit die Übernahme einer bestimmten Geschlechtsrolle (Kerscher 1977, Ford und Beach 1968, Janssen-Jurreit 1978).
Den deutlichsten Beleg für die Bedeutung des Lernens bzw. der soziokulturellen Einflüsse liefert wohl der Transsexualismus, das Im-Widerspruch-Stehen von tatsächlichem Geschlecht und gegensätzlicher Geschlechtsidentität (s. auch Kap. 9).
Da wichtige Determinanten der menschlichen Sexualität gesellschaftlich vermittelt werden, gibt es ein breites Spektrum unterschiedlichen Sexualverhaltens. Eine eindeutige Einteilung des Sexualverhaltens in »richtig, normal« und »falsch, pervers« ist aufgrund der historischen und gesellschaftlichen Prägung weder allgemein noch endgültig möglich. Das haben sowohl ethnologische Untersuchungen (Mead 1958) als kulturgeschichtliche Arbeiten (Taylor 1970, Elias 1977) hinreichend belegen können.
Sexualverhalten ist somit weder auf bestimmte Formen festgelegt und von daher bewertbar, noch ist die individuelle Wertigkeit gleich. D. h. die Bewertung des Sexualverhaltens bzw. das Belegen einer bestimmten Sexualpraktik mit einer bestimmten Bedeutung können nur die vollziehen, die unmittelbar betroffen sind – die Praktizierenden.
In diesem Sinne stellt die hier gewählte Reihenfolge auch keine Bedeutungsfolge dar. Lediglich aus der Ausführlichkeit der Darstellungen, die sich aus der vorhandenen wissenschaftlichen Literatur ergibt, kann entweder auf unterschiedliches Interesse, besondere Schwierigkeiten bei der Datenerhebung oder auf mangelndes Problembewußtsein der mit der menschlichen Sexualität befaßten Wissenschaften geschlossen werden.

5.1 Masturbation

Als Masturbation oder Selbstbefriedigung werden alle Formen körperlicher Reizung bezeichnet, die am eigenen Körper vorgenommen werden und zu sexueller Erregung führen. Gewöhnlich geschieht das durch Stimu-

lation der Geschlechtsorgane entweder durch die Hand oder mit Hilfe eines Gegenstandes (Ford und Beach 1968, S. 164). Detaillierter wird an späterer Stelle dieses Kapitels noch darauf eingegangen.
Die Begriffe Masturbation oder Selbstbefriedigung haben die alte, fachlich falsche Bezeichnung »Onanie« weitgehend abgelöst.[28] Masturbation ist neben dem Koitus die am häufigsten praktizierte sexuelle Handlung. Dazu für Mann und Frau getrennt einige Angaben:

5.1.1 Masturbation bei der Frau

Die Befragung von Kinsey et al. ergab, daß 62% aller befragten amerikanischen Frauen mindestens einmal masturbiert hatten, 58% bis zum Orgasmus. Dem Prozentsatz der masturbationserfahrenen Frauen in der DDR gibt Schnabel 1972 mit 42% an, meint aber, daß die Zahl eher eine untere Grenze darstelle. Die Erhebung von Hite (1976)[29] ergab, daß 82% der von ihr untersuchten amerikanischen Frauen masturbiert haben, davon 95% bis zum Orgasmus. Übereinstimmend wurde in allen Untersuchungen festgestellt, daß die Schichtenzugehörigkeit kein wesentlicher Faktor für das Masturbationsverhalten ist. Kinsey et al., Schnabl und Eichner/Habermehl fanden jeweils ähnliche Relationen der Masturbation zum Bildungsgrad. Sowohl das Vorkommen als auch die Häufigkeit der Masturbation sind in gebildeten Schichten größer. Dieser Zusammenhang zwischen Bildung und Masturbationsverhalten ist signifikant.
Die Bindung an ein religiöses Glaubensbekenntnis erwies sich ebenfalls als ein wesentlicher einflußnehmender Faktor, wie man u. a. bei Kinsey et al. sowie bei Eichner/Habermehl nachlesen kann. Enge religiöse Bindung führt zur Herabsetzung der absoluten Masturbationshäufigkeit und zur Verminderung der Verbreitung, bei strenggläubigen Protestantinnen aber weniger als bei strenggläubigen Katholikinnen.
Masturbationspraktiken sind von Kinsey et al. und Hite erfragt worden und erwiesen sich als sehr variationsreich. Die häufigste Form der Masturbation ist die Manipulation der Klitoris und/oder der kleinen Schamlippen. Sowohl Kinsey als auch Hite geben übereinstimmend an, daß bei etwa 84% der befragten Frauen dies die bevorzugte Masturbationspraktik ist. Zu einem ähnlichen Ergebnis kommt Dickinson (zit. nach Ford und Beach). Die Vagina scheint nach diesen Untersuchungsergebnissen bei der Masturbation keine bedeutende Rolle zu spielen. Nur sehr wenige Frauen berichten von gelegentlichen Einführungen von Gegenständen in die Vagina, dies aber hauptsächlich in Verbindung mit anderen Reizungsmethoden. Die Vagina spielt wegen der wenigen Nervenendigungen eine noch geringere Rolle als der Vorhof (Eingang, Introitus), der reichlich mit Nervenendigungen versorgt ist.
Das Ausüben der Masturbation durch Aneinanderreiben oder Druck der Schenkel ist von geringerer Bedeutung. Ein Teil der Frauen pflegt neben den Genitalien weitere Körperteile wie Brust, Oberschenkel und After

(erogene Zonen) zu reizen. Phantasien spielen bei Frauen nur eine untergeordnete Rolle, und wenn sie vorkommen, stehen sie im Einklang mit den tatsächlichen Erfahrungen der jeweiligen Person. Kinsey et al. schlossen aus der Tatsache, daß Frauen auch ohne Phantasievorstellungen zum Orgasmus kommen können, eine stärkere Abhängigkeit von körperlichen und physiologischen Reizquellen.
Sofern Masturbation nicht von Schuldgefühlen und Scham begleitet wird, ist sie eine Möglichkeit, sexuelle Entspannung zu erreichen. Darüberhinaus stellten Kinsey et al. fest, daß diejenigen Frauen, welche vorher Orgasmen durch Masturbation erlebt hatten, sich einer befriedigteren und problemloseren Sexualität mit einem Partner erfreuten als Frauen, welche solche Erfahrungen nicht gemacht hatten. Wie dieser Zusammenhang genau aufzuklären ist, müßte noch untersucht werden. Vermutlich liegt der Grund darin, daß Frauen durch Masturbations- und Orgasmuserfahrungen ihren Körper und ihre sexuellen Bedürfnisse und sexuellen Reaktionen besser kennengelernt haben. Selbststimulation ist auch deswegen für die Frau von größerer Bedeutung, weil sie der schnellste und intensivste Auslöser sexueller Erregung bis zum Orgasmus ist. Masters und Johnson (1970) stellten in ihrer Untersuchung fest, daß der Orgasmus durch Masturbation intensiver erlebt wird, wenn auch nicht immer so befriedigend wie durch Koitus; dennoch bleiben die physiologischen Abläufe des Orgasmus, unabhängig von der Art der Stimulierung, immer gleich. Der Orgasmus soll deshalb gesondert an anderer Stelle dieses Kapitels dargestellt werden (zur therapeutischen Relevanz der Masturbation s. Kap. 9).

5.1.2 Masturbation beim Mann

Bei den Interviews von Kinsey und Mitarbeitern mit amerikanischen Männern gaben 92–97% der Befragten an, mindestens einmal in ihrem Leben bis zum Orgasmus masturbiert zu haben. Auch 90% der von Schnabl (1972) untersuchten Männer hatten Masturbationserfahrungen; diese Angaben hält er selbst eher wieder für die untere Grenze.
Eichner und Habermehl (1978) stellten in Übereinstimmung mit Kinsey und Schnabl fest, daß männliche Masturbation stark altersabhängig ist, daß aber insgesamt rund 93% solche Erfahrungen haben. Die Abhängigkeit der Masturbationsverbreitung von der Bildungsstufe war bei Männern relativ gering und nicht signifikant.
Aber auch bei Männern erwies sich der Einfluß der religiösen Bindung als bedeutsam, allerdings nicht so stark wie bei Frauen. Von den Männern mit enger religiöser Bindung masturbiert ein relativ geringer Teil und dieser wiederum nur relativ selten. Die bei Männern am weitesten verbreitete Masturbationstechnik besteht in der manuellen Reizung des Penis bis zum Orgasmus; andere Möglichkeiten wie Schenkeldruck, Muskelspannungen sind äußerst selten. Den Phantasien scheint bei der männlichen Masturbation eine große Bedeutung zuzukommen. Sie können der jeweiligen sexuel-

len Orientierung entsprechen, aber auch Wünsche und Erinnerungen beinhalten. Phantasievorstellungen bilden oft den Anlaß zur Masturbation und steigern die sexuelle Erregung bis zum Orgasmus.[30]
Die allgemeine Bedeutung der Masturbation ist beim Mann ebenfalls in der Möglichkeit zu sehen, sexuelle Entspannung zu erreichen. Ein Zusammenhang zwischen Masturbationserfahrung und befriedigendem Sexualleben mit einem Partner konnte nicht festgestellt werden.

5.1.3 Abschließende Betrachtungen zur Masturbation

Bei der Auseinandersetzung mit der Masturbation muß heute, 30 Jahre nach der Veröffentlichung der Kinsey-Reports, immer noch auf die »Schädlichkeit« der Masturbation eingegangen werden. Die somatische Unschädlichkeit ist zwar mittlerweile als gesichert anerkannt, das Gespenst »Störungen der Persönlichkeitsentwicklung« geistert aber immer noch unverdrossen durch einige Beiträge. Des weiteren wird die Masturbation bei Erwachsenen als Persönlichkeitsdefekt angesehen. Da sie partnerlos erfolgt, fehle auch die »tiefe Erfüllung durch die intime Vereinigung zweier sich liebender Persönlichkeiten« (Schnabl 1972, S. 152). Masturbation gilt als »Ersatzbefriedigung« (ebenda). Masturbation ist danach als sogenannte »Notonanie« gestattet und medizinisch und ethisch unbedenklich, aber auch nur, weil sie dann die »Gefahr außerehelicher oder perverser Aktivitäten« mindere (S. 152). Hier werden alte Vorurteile in neuem Gewand kultiviert, die mit wissenschaftlicher Diskussion nichts zu tun haben. U. E. sollten Psychologen und Ärzte mit jeglicher Bewertung von sexuellem Verhalten äußerst zurückhaltend sein und Sexualität durch Masturbation als *eine* mögliche Form betrachten und Stimulierungen durch partnerschaftliche Sexualität als eine andere.

5.2 Petting

Petting umfaßt alle partnerschaftlichen Formen körperlichen Kontakts, welche den Koitus nicht einschließen, wohl aber bewußt dazu angelegt sind, sexuelle Erregung hervorzurufen (Kinsey et al. 1955). Führen diese Praktiken zum Koitus, gelten sie als »Koitus-Vorspiel«.
Petting gehört bei Jugendlichen und jungen Erwachsenen zu den weit verbreiteten Formen des Sexualverhaltens. So ergab die Befragung von Kinsey et al., daß mit 25 Jahren 91% der Frauen und 89 % der Männer solche Erfahrungen hatten; davon 39% bzw. 31% mit Orgasmus. Spätere Untersuchungen, etwa von Schofield (1969) an englischen Jugendlichen und von Christensen (1971) an Amerikanern und Dänen erbrachten insgesamt eine etwas niedrigere Verbreitung.
Während bei Frauen der Bildungsgrad keinen Einfluß auf die Erfahrungen

zu haben schien, ergab sich bei Männern ein höheres kumulatives Vorkommen bei Mittelschul- oder Collegebildung.
Wie aus der kulturvergleichenden Untersuchung von Christensen hervorgeht, ist für die Verbreitung von Pettingerfahrungen die Gesamtheit der in einer Kultur üblichen Moralvorstellung von Bedeutung. So sind die Erfahrungen bei Mormonen[31] (und in dieser Gruppe besonders bei den weiblichen Mitgliedern) wesentlich höher als bei Dänen,[32] wobei in der Gruppe der Dänen kaum geschlechtsspezifische Unterschiede festzustellen waren. D. h., daß die Pettingerfahrungen in Kulturbereichen mit eher strengen Sexualnormen und dort besonders bei den Frauen am höchsten sind. Christensen interpretiert die Ergebnisse so, daß die Restriktivität der gesellschaftlichen Moralvorstellungen Erfahrungen mit Petting fördert, um das Keuschheitsideal zu wahren, während die Trennung zwischen Petting und Koitus in eher freizügigen Kulturen nicht vollzogen wird.
Die wichtigsten Praktiken beim Petting sind Küssen, manuelle und orale Reizungen der Brüste, der Geschlechtsteile sowie der anderen erogenen Zonen[33] und Aneinanderreiben der Geschlechtsteile ohne Koitus. Sowohl Kinsey als auch Christensen stellten in ihren Untersuchungen fest, daß die Bedeutung des Petting immer mehr abnimmt. Der Anteil des Petting an der Gesamttriebbefriedigung ist zu Gunsten vorehelicher Koituserfahrungen gesunken, auch wird der Anteil der Masturbation wesentlich höher. Diese Tatsache ist u. a. dadurch erklärlich, daß nur rund 1/3 der Pettingerfahrenen dabei auch Orgasmen erlebt haben. Nicht zuletzt erklärt sich die geringer werdende Bedeutung des Petting durch die immer weitere Verbreitung von empfängnisverhütenden Mitteln, womit ein wichtiges Motiv für die Praktizierung von Petting, die Angst vor unerwünschten Schwangerschaften, nicht mehr gegeben ist.

5.3 Zärtlichkeitsverhalten

Wenn im Zusammenhang mit Sexualität von Zärtlichkeit die Rede ist, fällt auf, daß sich bei Umschreibungsversuchen die Sprache verwischt: Zärtlichkeit wird beispielsweise als der »emotionale, sentimentale Pol der Sexualität« (Bastin 1972, S. 370f.) umschrieben oder von Schnabl (1972, S. 24) als die »Übergangs- oder Nahtstelle zwischen körperlich-sexuellen Empfindungen und seelisch-emotionellem Erleben« bezeichnet.
Zärtlichkeit wird als *ein* wichtiger Teil des Sexualverhaltens verstanden, welcher zum sinnlichen Aspekt, dem »Verlangen, das zur Befriedigung der organischen Bedürfnisse treibt« (Bastin), hinzukomme und die Menschen beider Geschlechter auf eine affektive Verschmelzung ausrichte. Wenn Zärtlichkeit und Verlangen, die emotionalen und physischen Komponenten der Sexualität, sich im Gleichgewicht befinden, sei sexuelle Reife erreicht.
Klar ist, daß sich sexuelles Verhalten nicht auf rein physiologische Abläufe

reduzieren läßt, sondern weitaus mehr Aspekte umfaßt.[34] Fraglich ist nur, ob dieser Tatsache beispielsweise durch die oben erwähnten Umschreibungen Rechnung getragen werden kann. Sinnvoll erscheint es, zu erforschen, wie sexuelles Verhalten erlebt wird und welche emotionalen Aspekte bei der menschlichen Sexualität von Bedeutung sind. Darüberhinaus stiftet es u. E. Verwirrung, im Zusammenhang mit emotionalen Aspekten der Sexualität von Zärtlichkeit zu sprechen. Dieser Begriff sollte eher auf der Verhaltensebene umschrieben werden, da es sich hier um tatsächlich beobachtbares Verhalten handelt und es damit um sexuelles Verhalten in einem weiten Sinne geht. Die Begriffe »Liebe«, »Zuneigung« oder »Sympathie« z. B. mögen für die emotionalen Komponenten reserviert bleiben. Zärtlichkeit ist als Verbindung oder Brücke zwischen mehr genital betonten Körpergefühlen und den verschiedenen Formen der mitmenschlichen Liebe zu sehen.

5.4 Koitus

Der größte Teil der erwachsenen Menschen hat im Laufe seines Lebens sexuelle Erfahrungen mit gegengeschlechtlichen Partnern gemacht. Die vorherrschende Form des Sexualverhaltens bei der Mehrheit der heterosexuell erfahrenen Erwachsenen ist der Koitus; doch kommt er in keiner Kultur als die einzige Form der Sexualbetätigung vor. Fragt man nach den Gründen für das Vorherrschen des Geschlechtsverkehrs, so sind sicher zwei Faktoren von entscheidender Bedeutung: 1. ein biologischer Faktor, »eine natürliche, physiologisch bestimmte Tendenz zum Geschlechtsverkehr« (Ford und Beach 1968, S. 24), welche vom Gesichtspunkt des Fortbestehens der Art auch durchaus sinnvoll ist. Diese natürliche Tendenz wird aber offenbar von den Bezugsgruppen besonders unterstützt, während andere sexuelle Verhaltensweisen – vielfach bis hin zur Tabuisierung – zurückgedrängt werden; hierin wird die Bedeutung des zweiten, des sozialen Faktors, deutlich.

5.4.1 Voreheliche Koituserfahrungen bei Frauen und Männern

Der Trend hin zu einer Liberalisierung der Sexualmoral zeigt sich besonders deutlich in der Verbreitung vorehelicher Koituserfahrungen bei Frauen. Diese Liberalisierungstendenz wies schon die Untersuchung von Kinsey und Mitarbeitern auf: hatten bei den 1900 geborenen Frauen nur 14% voreheliche Koituserfahrungen, lag der Prozentsatz der im nächsten Jahrzehnt geborenen Frauen, welche solche Erfahrungen hatten, schon um mehr als das Doppelte höher. Noch deutlicher wird der Trend, schon vor der Ehe Koituserfahrungen zu sammeln, durch einen Vergleich der Daten aus Christensens Untersuchungen (1972, S. 115): Bei den befragten Frauen kam es in allen Kulturen zu einem wesentlichen Anstieg, jedoch lagen bei

beiden Befragungen die Werte für die Mormoninnen am niedrigsten (1958 10%, 1968 32%) und die der dänischen Frauen am höchsten (1958 60% und 1968 97%).
Für Männer ergab Christensens Untersuchung ein anderes Bild: Der Anteil der vorehelich Koituserfahrenen blieb 1958 und 1968 relativ konstant, sank z. T. noch geringfügig und lag bei den Mormonen bei ca. 38% und der Population aus dem Mittelwesten bei ca. 50%. Ein wesentlicher Anstieg dieser Erfahrungen war nur bei den Dänen festzustellen: 1958 64% und 1968 95%.
Kinsey et al. fanden eine große schichtspezifische Abhängigkeit des Alters beim ersten Koitus; dieses Ergebnis wurde von Giese und Schmidt (1968) bzw. Schmidt und Sigusch (1970) bestätigt: Frauen höherer Bildung (College-Absolventinnen bzw. Studentinnen) begannen später mit dem Koitus als Frauen aus niedrigerer Bildungsschicht (Volksschulabgängerinnen bzw. Arbeiterinnen). Bei Männern konnte der gleiche Zusammenhang festgestellt werden. Geschlechtsspezifische Unterschiede sind innerhalb der Gruppen der Arbeiter und der Studenten nicht sehr stark ausgeprägt (Schmidt und Sigusch 1970).
Darüberhinaus stellte Kinsey bei beiden Geschlechtern eine Abhängigkeit der vorehelichen Koituserfahrungen von religiösen Bindungen fest: Koituserfahrungen waren bei religiös Indifferenten verbreiteter als bei Strenggläubigen.

5.4.2 Koitustechniken

Die am häufigsten eingenommene Stellung beim Koitus ist die, bei der der Mann auf der Frau liegt. Andere Möglichkeiten sind z. B. das Einführen des Penis von hinten in die Vagina oder die Position, bei der sich die Partnerin über dem Partner befindet, ferner die Seitenlage, bei der beide Partner einander gegenüber liegen, schließlich sitzende oder stehende Positionen. Die Befragung von Kinsey et al. ergab, daß 70% der Untersuchten noch keine andere Stellung praktiziert hatten als die zuerst erwähnte. Wie auch Schnabl in Übereinstimmung mit Giese und Schmidt feststellte, ist bei rund 70% diese die am häufigsten eingenommene Position. Nach Schnabl (1972, S. 126) werden oral-genitale Methoden von beiden Geschlechtern am erregendsten empfunden.[35] Die neuere Untersuchung von Eichner und Habermehl ergab, daß der Prozentsatz derer, welche keine bestimmte Stellung bevorzugen, höher liegt als der Anteil derer, welche eine Stellung favorisieren.

5.5 Der Orgasmus

Der Orgasmus ist der subjektive Höhepunkt im Wechselspiel von sexueller Erregung und Entspannung. Diesen nur Sekunden dauernden Erlebnisgipfel zu identifizieren, bereitet dem Mann keine Schwierigkeiten; er ist immer

mit einer Ejakulation verbunden. Es gilt aber nicht umgekehrt, daß jede Ejakulation einen Orgasmus bedeutet. Für Frauen ist die eindeutige Erkenntnis, was ein Orgasmus ist, schwieriger: manche junge Frau ist daher unsicher, ob sie schon einen Orgasmus erlebt hat oder nicht. Es fehlt ein Pendant zur Ejakulation; allerdings gibt es bei physiologischen Messungen eine eindeutige Beziehung zwischen Orgasmus und Kontraktionen der orgastischen Manschette; diese werden als Pulsationen erlebt. Frauen, die Orgasmen erreichen, können oftmals mehrere Orgasmen nacheinander erleben (sog. multiple Orgasmen).
Beim erwachsenen Mann ist jeweils nach einer Ejakulation eine Erholungszeit (Refraktärzeit) notwendig, deren Länge auch bei Masters und Johnson nicht angegeben wird. Während Männer also fast ausnahmslos einen Orgasmus kennen, diesen aber nur selten mehrmals nacheinander erleben können, gibt es einerseits viele Frauen, welche nie oder nur mit Schwierigkeiten einen Orgasmus erleben, andererseits viele, die multiple Orgasmen erfahren. (U. a. wegen des Wunsches nach wiederholten Orgasmen kann man nicht sagen, ein Orgasmus sei identisch mit Befriedigung.)

5.5.1 Der Orgasmus der Frau

Die Untersuchungen von Masters und Johnson (1970)[36] haben ergeben, daß die Klitoris für die Frau der wichtigste sexuelle Reizpunkt ist und ihr somit die größte Bedeutung bei der Erlangung des Orgasmus zukommt. Von Masturbation und Cunnilingus abgesehen, muß daher bei vielen Frauen die Klitoris beim Koitus manuell gereizt werden. Nur bei einer Minderheit reicht die partielle Klitorisreizung, die beim Koitus gegeben ist, mehr oder weniger oft zum Orgasmus aus.
Als Parameter für das lustvolle Erleben des Sexualverhaltens kann u. E. zwar das Erleben eines Orgasmus gelten, womit aber nicht gesagt werden soll und kann, daß Sexualverhalten nur im Orgasmus lustvoll ist, da sexuelles Verhalten und Erleben aus mehr als rein physiologischen Abläufen besteht und emotionalen Prozessen eine ganz zentrale Funktion zukommt; diese sind aber noch wenig erforscht.
Bei Kinsey et al. gaben 90% der 35jährigen Frauen an, wenigstens einen Orgasmus erlebt zu haben; 10% der Befragten hatten also niemals einen Orgasmus gehabt. Etwa 64% der orgasmuserfahrenen Frauen erlebten den ersten Orgasmus vor der Ehe, wobei die Masturbation die wichtigste Quelle war. 86% der von Schnabl befragten Frauen hatten wenigstens einen Orgasmus beim Koitus erlebt, 11% noch keinen. Häufig oder fast immer erreichten 55%, 44% nie oder selten einen Orgasmus im Koitus. Von den Frauen, welche in Hites Befragung angaben, Geschlechtsverkehr gehabt zu haben, hatte rund 1/3 dadurch noch nie einen Orgasmus, 30% erlebten beim Koitus regelmäßig einen Orgasmus, 22% selten und 19% nur bei gleichzeitiger Stimulation der Klitoris. Doch die Frage, ob sie Geschlechtsverkehr mögen, bejahten 87%. Eichner und Habermehl fanden einen Zusammen-

hang zwischen Orgasmus beim Koitus und Alter. Die Zahl der Frauen, welche beim Koitus keinen Orgasmus erleben, sinkt von rund 46% bei den bis 20 Jahre alten auf rund 13% bei den 41–50jährigen und steigt danach wieder auf das Doppelte an. Schnabl konnte in seiner Untersuchung nachweisen, daß die Wahrscheinlichkeit für das Erleben eines Orgasmus für die Frau steigt, je häufiger und regelmäßiger Koitus praktiziert wird[37] (vgl. auch Giese und Schmidt 1968). Einen ebenfalls positiven Zusammenhang konnte Schnabl zwischen Koitusdauer und Orgasmus feststellen. Geringere Korrelationen ergaben sich zwischen der Dauer des Koitusvorspiels und dem Orgasmus; als viel bedeutsamer stellte sich die »richtige« Lokalisation der Stimulation heraus.

Es könnte jetzt der Eindruck entstanden sein, daß eine gute Technik das wichtigste an der Sexualität sei und durch sie ein »Funktionieren« gewährleistet sei. Ein wichtiger Aspekt bliebe dabei allerdings zu wenig berücksichtigt: Problemlose und befriedigende Sexualität kann sich nur dann entwickeln, wenn die Möglichkeiten gegeben werden, sexuelle Erfahrungen ohne Angst und Repression zu sammeln, wobei dieser Lernprozeß nie abgeschlossen ist.

Der Orgasmus ist in einen Reaktionszyklus eingebettet, der im folgenden kurz vorgestellt werden soll.

5.5.1.1 Der sexuelle Reaktionszyklus bei der Frau

Die äußeren Genitalien der Frau bestehen aus den großen Schamlippen (labia majora), den kleinen Schamlippen (labia minora) und der Klitoris.

Die Klitoris ist das Zentrum der sexuellen Empfindungen der Frau; sie ist in ihrer physiologischen Funktion vollkommen auf die »Auflösung oder Erhöhung der sexuellen Erregung« eingestellt (Masters und Johnson 1970, S. 52). Die Klitoris hat beim sexuellen Reaktionszyklus die größte Bedeutung; sie »fungiert als Rezeptor, subjektiv als Zentrum der sexuellen Empfindungen und gleichzeitig objektiv als Endpunkt von Nervenbahnen (Transformator)« (ebenda S. 66).

Masters und Johnson haben zur genaueren Beschreibung des physiologischen Ablaufs der sexuellen Reaktion den Reaktionszyklus in vier Phasen eingeteilt: 1. die Erregungsphase, 2. die Plateauphase, 3. die Orgasmusphase und 4. die Rückbildungsphase; diese Einteilung ist als willkürlich anzusehen.

Die 1. Phase ist erkennbar durch die Produktion der vaginalen Gleitsubstanz (vaginale Lubrikation) und erfolgt auf jegliche Art sexueller Stimulierung (somatische oder psychische); die Klitoris schwillt in dieser Phase an. Wird die Stimulation adäquat fortgesetzt, tritt die Frau in die zweite, die Plateauphase ein. In ihr findet eine ausgeprägte Blutstauung im äußeren Drittel der Vagina statt (vasokongestive Reaktion) und dieser Teil schwillt an; die Blutstauung erstreckt sich ebenfalls auf die kleinen Schamlippen. Diese Gefäßstauung, die zu einer Verengung des äußeren Drittels der Vagina führt, wird auch als »orgastische Manschette« bezeichnet: Typisch für die 3. Phase sind spezifische Reaktionen der Vagina und dort speziell der orgastischen Manschette, welche nun 5 bis 12 unwillkürlichen Kontraktionen unterliegt; sie sind genau auf die Zeit des Orgasmus beschränkt. Die Dauer dieser Kontraktionen und der Grad der Ausprägung der orgastischen Manschette variieren von Frau zu Frau und bei der gleichen Frau von Orgasmus zu Orgasmus. Mit dem Beginn der 4. Phase, der Rückbildungsphase, nimmt die lokale Blutstauung schnell ab.[38] Die Klitoris kehrt in ihre Ausgangslage zurück und schwillt ab. Bei erneuter effektiver Stimulierung besteht für die Frau von jedem Punkt der Rückbildungsphase aus die Möglichkeit zu neuen Orgasmen.

Es treten während des sexuellen Reaktionszyklus noch eine Vielzahl anderer Reaktionen auf, von denen hier nur einige kurz aufgeführt werden sollen: eine Zunahme der Muskelspannungen im ganzen Körper, Veränderungen der Lage des Uterus (der Gebärmutter) und Kontraktionen des Uterus während des Orgasmus, fast simultan zu denen der orgastischen Manschette, Anschwellen der Brüste, die Bildung des sogenannten »Sex flush«, der rötlichen Färbung bestimmter Bereiche des Körpers, schnelles Atmen (Hyperventilation), Erhöhung der Pulsfrequenz (Tachykardie), Erhöhung des Blutdrucks und Transpiration.

Obwohl Masters und Johnson Variationen in Intensität und Dauer der Reaktionen der Genitalorgane nachweisen konnten, die eine Abhängigkeit von der Art der Stimulierung erkennen ließen, war die *grundlegende* Physiologie des Orgasmus unabhängig von der Art der Stimulierung immer gleich, »ob nun heterosexueller oder artifizieller Koitus, mechanische oder masturbatorische Stimulierung der Klitorisgegend, der Brust oder anderer erogener Zonen erfolgte« (ebenda, S. 127).

Masters und Johnson befragten weiterhin Frauen nach ihren Empfindungen während des Orgasmus. Aus den Angaben lassen sich bei Frauen drei unterscheidbare Stadien subjektiven Erlebens erkennen: Der Beginn des Orgasmus wird durch ein Gefühl des Stehenbleibens beschrieben; dieses Gefühl wird begleitet von Phasen intensiven Empfindens in der Klitorisgegend, die jedoch ins Becken ausstrahlen. Das zweite Stadium wird als Gefühl der Wärmeausstrahlung erlebt, das erst nur das Becken erfaßt, sich dann jedoch auf den gesamten Körper ausbreitet. Das dritte Stadium schließt immer das Gefühl der unwillkürlichen Kontraktionen ein und wird als ein Pulsieren des Beckens wahrgenommen.

Weder von der Physiologie des Orgasmus noch vom subjektiven Erleben her ist es also sinnvoll und richtig, zwischen vaginalem und klitoridalem Orgasmus zu unterscheiden. Mit klitoridal und vaginal dürfen also nicht die Effekte, die Orgasmen, sondern nur die unterschiedlichen Stimulierungsorte bezeichnet werden. Ob nun der sensible Teil der Vagina (der Vorhof) stimuliert wird, wodurch eine hinreichende *indirekte* Reizung der Klitoris stattfinden kann, oder die Klitoris direkt: die physiologische Reaktion bleibt immer die gleiche; auf der Erlebensseite liegen alle möglichen

Varianten vor; von einigen wird direkte Klitorisreizung, von anderen indirekte, von wieder anderen mal das eine, mal das andere als angenehm erlebt und vorgezogen.

5.5.2 Orgasmus und Reaktionszyklus beim Mann

Die äußeren männlichen Geschlechtsteile sind der Penis, der aus drei zylindrischen Schwellkörpern besteht, und der Hodensack. Der Penis ist primär ein Rezeptor sexueller Stimuli, aber auch Transformator bei der sexuellen Reaktion. Der empfindlichste Teil des Penis ist die Glans oder Eichel. Besonders stark reagieren der Penis, der Hodensack und das Rektum auf sexuelle Stimuli und zwar mit einer Blutstauung bzw. mit erhöhter Muskelspannung.

Masters und Johnson unterscheiden auch beim Mann 4 Phasen: In der Erregungsphase dominiert als physiologische Reaktion auf effektive sexuelle Stimulierung die Erektion. In Abhängigkeit von der Stimulation kann es zu einer teilweisen Abnahme der Erektion kommen, welche aber auch schnell wieder zunehmen kann. Der Hodensack und Hoden reagieren mit einer erhöhten Muskelspannung und einer lokalen Blutstauung. Es kommt zu Kontraktionen der Hodensackhaut; die Hoden werden angehoben.

In der Plateauphase nimmt der Penisdurchmesser noch geringfügig zu. Spezifische Reaktionen des Hodensackes gibt es nicht; die Hoden vergrößern sich in der 2. Phase. Bei weiterer sexueller Stimulierung kommt es zur 3. »Phase«, der Ejakulation, welche in der Regel mit einem Orgasmus einhergeht.

In der Rückbildungsphase erschlafft der Penis zunächst schnell, aber die normale Größe wird erst später erreicht. An die Phase schließt sich eine Refraktärzeit (Ruhephase) an. Bei erneuter Stimulation kann es nicht sofort wieder zu einer Erektion und Ejakulation kommen.

Ebenso wie bei der Frau treten auch beim Mann eine Vielzahl anderer physiologischer Reaktionen auf, von denen hier wiederum nur einige kurz erwähnt werden sollen: häufig erfolgt ein Anschwellen der Brustwarzen; infolge oberflächlicher Blutstauung tritt ein »Sex flush« auf und eine über den ganzen Körper ausgedehnte Muskelspannung. Erhöhte Atem- und Pulsfrequenz, Bluthochdruck und eine von der körperlichen Betätigung unabhängige Transpiration sind weitere physiologische Reaktionen. Für den Mann ist die Möglichkeit gegeben, den Zeitpunkt der Ejakulation willkürlich zu beeinflussen, um eine Verlängerung der Koitusdauer zu erreichen. Unmittelbar vor dem Orgasmus entwickelt sich beim Mann subjektiv das Gefühl der Unvermeidbarkeit der Ejakulation. Es wird bewußt das Herannahen wahrgenommen, und von einem bestimmten Punkt an weder als zurückhaltbar noch als irgendwie willentlich beeinflußbar. Der Samen wird durch mehrere Kontraktionen ausgestoßen, von denen die ersten sehr heftig erlebt werden. Bei wiederholtem Sexualzyklus bis zum Orgasmus pflegt der zweite weniger intensiv zu sein (im Gegensatz zu multiplen Orgasmen bei Frauen). Die Erlebnisintensität ist offensichtlich von der Menge des Ejakulats abhängig, die bei einer zweiten Ejakulation geringer ist.

5.6 *Empfängnisverhütung*

Im Zusammenhang mit Koitus und Orgasmus erscheint es zweckmäßig, auch auf die Möglichkeiten zur Empfängnisverhütung kurz einzugehen.
1. Die »Sexwelle« und damit die Liberalisierung verdanken ihre Durchschlagkraft nicht zuletzt einer neuen Verhütungsmethode: der »Pille«. Die Pille als hormonelle Kontrazeptionsmethode wird von 25% der 10 Millionen Frauen von 18–44 Jahren in der BRD eingenommen. Sie ist damit die meistverbreitete und auch sicherste Verhütungsmethode. Die Wirkung dieses Empfängnisverhütungsmittels basiert auf der Hemmung der Follikelreifung[39] durch kombinierte Hormonpräparate. Sie erstreckt sich auf verschiedene Organe: An den Eierstöcken besteht der wesentliche Effekt in der Unterdrückung des Eisprungs (Ovulation)[40]; außerdem wirkt die Veränderung der Uterusschleimhaut, welche die dortige Einnistung eines befruchteten Eises erschwert, ebenfalls empfängnisverhütend. Es gibt noch eine Reihe anderer Wirkungen, die aber hier nicht weiter erwähnt werden sollen.
Die Pille wurde noch vor einigen Jahren als völlig nebenwirkungsfrei angepriesen, gerät jedoch in letzter Zeit immer mehr ins Schußfeld öffentlicher Kritik. Es wurde immer wieder auf eine Vielzahl von Nebenwirkungen hingewiesen, wobei deren Erforschung noch keineswegs abgeschlossen ist und sich diesbezüglich kein einheitliches Bild ergibt. Bei Beschwerden wie Übelkeit, Sodbrennen und Kopfschmerzen, von denen bis zu 40% der behandelten Frauen berichten, scheinen sowohl hormonelle als auch psychische Faktoren eine bedeutsame Rolle zu spielen. Weiterhin wird über vermehrtes Auftreten von Bluthochdruck unter dem Einfluß von Ovulationshemmern und einem erhöhten Thromboserisiko berichtet.
2. Die Spirale (Intrauterin-Pessar) ist ebenfalls eine relativ sichere Methode, Schwangerschaften zu verhüten. Sie wird in den Uterus eingesetzt und verhindert die Einbettung des befruchteten Eies in die Schleimhaut. Auch bei der Spirale sind einige Nebenwirkungen bekannt: verstärkte Schmerzen, speziell in den ersten drei Monaten, eine längere und stärkere Monatsblutung und verstärkter Ausfluß.
3. Das Scheiden-Pessar (Diaphragma) ist eine Gummikappe, welche von der Frau selbst auf den Muttermund gesetzt wird. Es ist aber notwendig, vorher von einem Arzt die Größe der Kappe bestimmen zu lassen und sich über das Einsetzen genau zu informieren. Die empfängnisverhütende Wirkung basiert darauf, daß das Eindringen der Spermien in den Uterus verhindert wird. Die Sicherheit ist bei richtiger Anwendung relativ hoch (4 Schwangerschaften pro 100 Anwendungsjahre).[41]

4. Die chemischen Verhütungsmittel sind sehr unterschiedlich sicher (zwischen 8 und 36 Schwangerschaften pro 100 Anwendungsjahre); außerdem kann es zu sehr unangenehmen Nebenwirkungen kommen: brennende Schmerzen, Juckreiz; die normale Bakterienbesiedelung der Vagina wird abgetötet, so daß sich Erreger leichter festsetzen können und es leichter zu Entzündungen kommen kann. Chemische Verhütungsmittel sollen direkt auf die Spermien einwirken; diese werden entweder zerstört oder immobil.
5. Die Temperaturmethode macht sich die Beziehung zwischen dem weiblichen Zyklus (zwischen 28 und 30 Tagen) und der Änderung der Aufwachtemperatur (Basaltemperatur) zunutze.
Während der ersten Hälfte des Zyklus zeigt die Basaltemperatur einen Wert um 36,5–36,8° Celsius, steigt in der Mitte um 0,5–0,6° Celsius an und bleibt bis zum Beginn der nächsten Menstruation auf diesem Wert. 1–2 Tage vor dem Temperaturanstieg findet die Ovulation statt; die sicher unfruchtbare Zeit beginnt am 2. Tag nach dem Temperaturanstieg und dauert bis zur nächsten Menstruation. Wann genau die unfruchtbare Zeit vor der Ovulation ist, kann nicht mit Sicherheit gesagt werden. Die Temperatur muß jeden Morgen unter absoluten Ruhebedingungen möglichst zur selben Zeit (unmittelbar nach dem Wachwerden) im Darm oder Mund gemessen und in eine Kurve eingetragen werden. Diese Empfängnisverhütungsmethode ist anfällig, da schon kleinere Infektionen, wie auch Belastungssituationen zu einer Veränderung der Temperatur führen. Kritisch ist es, diese Methode bei unregelmäßigem Zyklus anzuwenden.
6. Das Präservativ (Kondom) ist eine dünne Gummihaut, welche bereits vor dem ersten Einführen in die Vagina über den Penis gezogen werden muß. Diese Methode ist relativ sicher (7 Schwangerschaften pro 100 Anwendungsjahre) und hat keine Nebenwirkungen, abgesehen von Gefühlsminderungen beim Mann.
7. Koitus interruptus ist eine Methode, bei welcher der Mann kurz vor der Ejakulation den Penis aus der Vagina zieht. Diese Methode ist sehr unzuverlässig, da schon vor der eigentlichen Ejakulation Samen austritt; außerdem hängen Orgasmusschwierigkeiten der Frau bzw. Potenzstörungen beim Mann mit der Anwendung dieser Verhütungsmethode zusammen.

5.7 Homosexuelles Verhalten

Wie bereits in der Einleitung zu diesem Kapitel dargestellt wurde, begreifen wir menschliches Verhalten einschließlich des Sexualverhaltens vorwiegend als Ergebnis von Lernprozessen. Eine genetische Veranlagung zur Homosexualität wird immer wieder behauptet, konnte aber bislang nicht nachgewiesen werden. Wir sehen deshalb Homosexualität nicht als feststehende Größe an (»Klinische Entität«, Ehmann 1976), zumal dieses Konzept der Tatsache, daß Sexualverhalten eine hohe inter- und sogar intrakulturelle

Varianz aufweist, nicht gerecht wird. Menschen sind dazu fähig, Lust sowohl allein als auch mit anders- und/oder gleichgeschlechtlichen Partnern zu erleben.

Homosexualität mit der Orientierung auf gleichgeschlechtliche Partner kann ebenso als erlernt angesehen werden wie Heterosexualität als Form gegengeschlechtlicher Partnerwahl. Eine scharfe Trennung der Reaktionen auf gleichgeschlechtliche Reize einerseits bzw. gegengeschlechtliche Reize andererseits wird der Variabilität der menschlichen Sexualität nicht gerecht. Wir vertreten deshalb ein Konzept, welches das jeweilige Sexualverhalten als Kontinuum begreift: von ausschließlich gegengeschlechtlicher (heterosexueller) – bis ausschließlich gleichgeschlechtlicher (homosexueller) Partnerwahl (s. S. 58, ferner Kinsey et al. 1948, 1953; Ford und Beach 1968, Simon und Gagnon 1970).

5.7.1 Homosexuelle Reaktionen bei der Frau

Kinsey und Mitarbeiter (S. 365 ff.) stellten in ihrer Untersuchung fest, daß bei Frauen das kumulative Vorkommen homosexueller Kontakte bis zum Orgasmus bei 13% lag. 28% der Befragten wurden, unabhängig von körperlichem Kontakt, »erotisch oder psychosexuell« von anderen Frauen erregt.

Nach Hite (1976) ziehen 8% der Frauen sexuelle Kontakte mit Frauen vor und 13% bezeichnen sich selbst als bisexuell, ohne Prioritäten zu setzen.[42]

Ernst et al. (1975) fanden bei 6% von 200 weiblichen westdeutschen Studentinnen homosexuelle Kontakte während der letzten 12 Monate.

Nach Eichner und Habermehl (1978, S. 191) ist eine von 100 Frauen in der BRD homosexuell; ein gleiches Ergebnis brachte die Untersuchung von Schnabl (1972, S. 158) für Frauen in der DDR.

Die bei homosexuellen Kontakten angewendeten Techniken unterschieden sich nicht wesentlich von denen, welche beim Koitusvorspiel vorkommen.[43] Objekte, welche als Penisersatz in die Vagina eingeführt werden, werden recht selten benutzt. Küssen, manuelle und orale Reizung der Brüste und Genitalien, insbesondere der Klitoris sind häufig angewendete Techniken, ebenso wie das Aneinanderreiben bzw. -pressen der Genitalien.

Gemessen an der Häufigkeit des Orgasmus waren homosexuelle Beziehungen befriedigender als heterosexuelle Kontakte.[44] Eine mögliche Ursache ist wahrscheinlich darin zu sehen, daß Personen des gleichen Geschlechts die Anatomie, die physiologischen Vorgänge und die Psychologie besser verstehen und nachvollziehen können als die des anderen Geschlechts. D. h. jedoch nicht, daß für Frauen heterosexuelle Beziehungen von vornherein weniger erfolgreich sind als homosexuelle. Es soll an dieser Stelle lediglich nochmals darauf hingewiesen werden, daß das Verstehen sexueller

Reaktionen gelernt werden kann und – um eine beiderseits befriedigende Sexualität zu erleben – auch gelernt werden muß.

5.7.2 Homosexuelle Reaktionen beim Mann

Die Interviews von Kinsey et al. (S. 580ff.) ergaben, daß 37% der männlichen Bevölkerung zwischen Pubertät und Greisenalter homosexuelle Kontakte bis zum Orgasmus hatten. 13% reagierten »erotisch« auf andere Männer, ohne homosexuelle Kontakte zu haben.
Nach Pietropinto und Simenauer (1978, S. 93f.) haben 93,4% der befragten Männer in den USA ausschließlich Kontakt zu Frauen, 1,3% nur zu Männern, und 3,1% gaben sowohl sexuelle Beziehungen zu Frauen als auch zu Männern an. Giese und Schmidt (1968) ermittelten für die BRD, daß von 2835 Studenten 3% in den 12 Monaten vor der Befragung homosexuelle Kontakte hatten. 55% dieser Gruppe hatten aber auch gleichzeitig heterosexuelle Beziehungen, sind also als bisexuell[45] zu bezeichnen. Ernst et al. (1975) fanden bei 9% von 200 männlichen westdeutschen Studenten homosexuelle Kontakte während der letzten 12 Monate.
Weniger als 2% der von Schnabl (1972) gefragten Männer aus der DDR bezeichneten sich als homosexuell.
Die häufigsten Praktiken bei homosexuellen Kontakten zwischen Männern sind: gegenseitige Masturbationen, oral-genitale Stimulation und Reiben des Penis am Körper des Partners. Anal- oder Schenkelverkehr spielen bei der sexuellen Stimulation eher eine untergeordnete Rolle.

5.7.3 Das heterosexuell-homosexuelle Kontinuum

Es soll hier versucht werden, der Tatsache Rechnung zu tragen, daß menschliches Sexualverhalten nicht gegensätzlich in heterosexuell und homosexuell klassifizierbar ist. Die Fehlerhaftigkeit dieser sich gegenseitig ausschließenden Kategorien zeigen die bereits referierten Daten von Kinsey et al. sehr deutlich:
Es gibt Personen, deren sexuelle Reaktionen und/oder Erfahrungen ausschließlich auf Angehörige des gleichen – oder ausschließlich des anderen Geschlechts gerichtet sind. Es existiert aber sowohl bei Frauen als auch bei Männern eine große Zahl von Personen, welche ebenso zu homosexuellen, wie auch zu heterosexuellen Reaktionen und/oder Betätigungen neigen, in gleicher oder unterschiedlicher Quantität und Qualität.
Ein weiterer Faktor, welcher gegen die Kategorisierung spricht, ist durch die zeitliche Variabilität gegeben: sexuelle Orientierungen können sich bei einer Person im Laufe des Lebens ändern, homosexuelle und heterosexuelle Reaktionen treten dann zu unterschiedlichen Zeiten des Lebens auf.
Die Daten von Kinsey scheinen in diesem Zusammenhang eine These zu bestätigen, nach der jeder Mensch die Möglichkeit hat, sexuell auf beide Geschlechter zu reagieren; die gesellschaftlichen Bedingungen sind aber so

beschaffen, daß homosexuelle Orientierungen durch die Konfrontation mit kulturell-normativen Zwängen zu Konflikten führen und daher selten ausgeprägt sind.

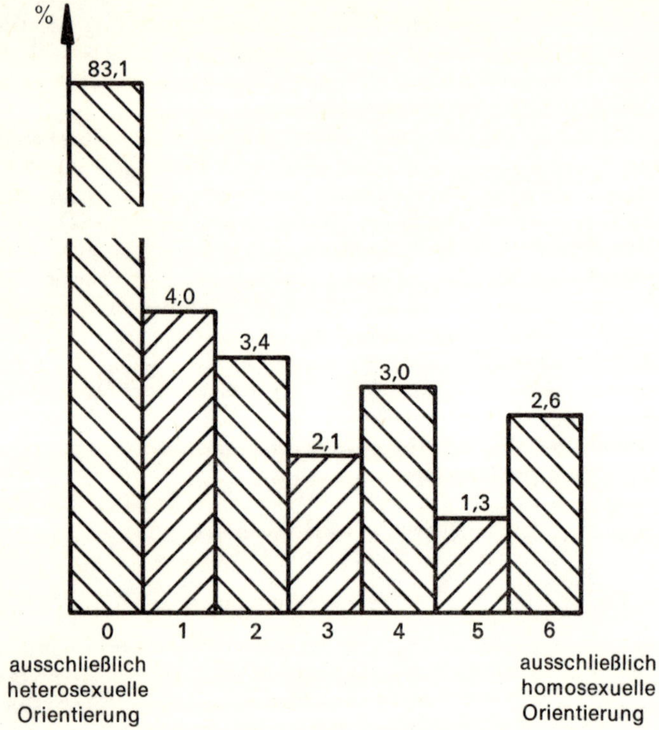

1–5 sind Zwischenstufen, 3 z. B. mit Homo- und Heterosexualität zu gleichen Teilen (s. auch Abb. 3)

Abb. 1: Hetero-homosexuelle Zuordnung der Männer im 30. Lebensjahr (Kinsey et al. 1967a, S. 602)

6 Entwicklung des Sexualverhaltens

6.1 Einleitung

Hat man einerseits im vorigen Jahrhundert Kinder wie kleine Erwachsene behandelt, sie also beispielsweise harte körperliche Arbeit verrichten lassen, so war man andererseits – speziell in bürgerlichen Kreisen – geneigt, in Kindern sexualitätsfreie Geschöpfe zu sehen. Obgleich diese Aussage im einzelnen noch relativiert werden müßte (denn schließlich wurden nicht Kinder aller Schichten zu harter Arbeit herangezogen), so gilt sie doch akzentuierend. Freud kommt das Verdienst zu, mit dieser Vorstellung vom sexualitätslosen Kind aufgeräumt zu haben.

Einschränkungen der eben gemachten Art müssen bei Schilderungen über die Verbreitung von Verhaltensweisen regelmäßig vorgenommen werden, vor allem auch Einschränkungen historischer Art: Was gestern in bestimmten gesellschaftlichen Gruppen Norm war, ist heute vergessen; was heute die Norm ist, kann morgen überholt sein.

Diese Abhängigkeit der Sexualität von herrschenden Normen ist ein Teilaspekt der allgemeinen historischen Bedingtheit menschlichen Erlebens und Verhaltens. Was jeweils Zielvorstellungen und Normen einer Gruppe sind, wird mit einiger Wahrscheinlichkeit den Kindern dieser Gruppe im Prozeß der Sozialisation zur »zweiten Natur« werden, wobei Veränderungen der Normen – wie wir erlebt haben – aber nicht ausgeschlossen sind.

Ungeachtet der nötigen Relativierungen können wir versuchen, ein Bild von der sexuellen Entwicklung zu zeigen, wie sie bei uns im *Durchschnitt* beobachtbar ist.[46]

In der kindlichen Sexualität werden wir kein Vorherrschen von Koitus oder Orgasmus erwarten; sie wird uns in anderen Verhaltens- und Erlebnisweisen begegnen. Dabei müssen wir nicht wie Freud allen Lustgewinn, z. B. den bei der Nahrungsaufnahme, als sexuell interpretieren. Wir können einen engen Begriff von Sexualität beibehalten – also eine Konzentration auf Sexualorgane – und werden dennoch vom Säuglingsalter an auf Sexualität stoßen. Solange Sexualverhalten unbestraft bleibt, ist es in jeder Kultur in allen Altersstufen in großer Vielfalt zu beobachten. Da in unserem Kulturkreis Sexualität vielen Einengungen unterliegt, müssen wichtige Daten über *mögliches* Sexualverhalten dem Kulturvergleich entnommen werden.

Bei der Schilderung sexueller Entwicklung sind zwei Aspekte zu bedenken:

1. wird die Entwicklung durch *biologisch-konstitutionelle Komponenten* mitgesteuert; Ererbtes, Angelegtes wird in Reifungsprozessen manifest,
2. vermitteln *Lernprozesse* bestimmte kulturspezifische Geschlechtsrollen und individuelle Verhaltensgewohnheiten. Vornehmlich die Erziehung bedingt, ob ein Kind mehr jungenhaftes oder mehr mädchenhaftes Verhalten

erlernt; Lernprozessen kommt in der menschlichen Entwicklung ein lange unterschätztes Gewicht zu.
Im Regelfall werden die Kinder mit eindeutigen genitalen Formen geboren, so daß ihre Geschlechtsbestimmung unproblematisch ist. Sollte bei Kindern mit unausgeprägter Geschlechtszugehörigkeit zunächst eine falsche Zuordnung vorgenommen worden sein (worüber letztlich Chromosomen und Keimdrüsen entscheiden), so zeigt es sich, daß Umkehrungen dieser Erziehung, also Korrekturen der Geschlechtsrollenzuweisung, außerordentliche Schwierigkeiten bereiten. Dies kann in solchen Kulturen große Anpassungsstörungen hervorrufen, welche Wert auf eine deutliche Geschlechtsdifferenzierung legen, wie es bei uns der Fall ist. So sollen Jungen nicht mit Puppen spielen, Mädchen nicht auf Bäume klettern etc. Allerdings sind bei uns inzwischen Bestrebungen deutlich, diese Rollenzuweisungen flexibler zu handhaben.
Bei der Bedeutung, die Erziehungsmaßnahmen zukommt, wäre es falsch, Entwicklung mit Reifung gleichzusetzen. Entwicklung ist Reifung *und* Lernen, wobei es zweckmäßig erscheint, Lernprozesse zu betonen, weil sie pädagogische Eingriffsmöglichkeiten zulassen, ohne daß die Verwobenheit mit Reifungsprozessen völlig verleugnet werden darf. Reifung und Lernen bedingen einander; ohne bestimmte Reifungen wird Lernen nicht möglich, ohne Lernanreize verzögert sich Reifung. Körperliche Reifungsprozesse, die von Hormonen gesteuert werden, drängen sich im Sexualbereich besonders zur Zeit der sog. Pubertät auf.
Wir müssen zugeben, daß wir in wichtigen Bereichen der Entwicklung nicht wissen, welchen Faktoren letztlich größeres Gewicht zukommt. Z. B. sind bezüglich der Objektfindung die Sozialisationsagenten[47] bei uns entsprechend den vorherrschenden Normen bemüht, Kinder zur Heterosexualität zu erziehen: Heterosexuelle erstreben einen gegengeschlechtlichen Partner als Sexualobjekt. Die nicht seltenen Fälle bleibender Homosexualität, die sehr häufigen Fälle vorübergehender homosexueller Erfahrung deuten aber an, daß dieses Ziel nicht immer erreicht wird. Gelegentlich mißlingt jede Objektfindung oder unbelebte Objekte oder Tiere werden zu Sexualobjekten. Viele nehmen an, daß bestimmte Erfahrungen, also Lernprozesse die Objektwahl entscheiden. Wir können darüber aber wenig positiv aussagen. Wir können wohl bestimmte alte Hypothesen, z. B. daß Homosexualität mit einem bestimmten Körperbau einhergehe oder daß sie von Hormonen abhängig sei, zurückweisen.
Eine sexuelle Erziehung im engen Sinne, also eine bewußte und fördernde Anleitung zum sexuellen Verhalten und Erleben findet in unserer Kultur wohl nur in Ausnahmefällen statt. Die Bereitschaft zur unbefangenen Sexualaufklärung scheint zwar zugenommen zu haben, sie läuft aber mehr auf eine kognitive Informationsgabe als auf die Ermöglichung eigener körperlicher Erfahrungen hinaus. So wird man mit Jugendlichen zwar über Koitus sprechen, ihnen aber keine ungestörte Gelegenheit zur Ausübung des Koitus einräumen. Sexualerziehung versteht sich vorwiegend als Bewahrung

der Kinder und Jugendlichen vor bestimmten, als »schlecht« beurteilten Erfahrungen und Fehlentwicklungen.
Wenn ein Erwachsener mit seinem sexuellen Erleben und Verhalten zufrieden sein darf, so ist dies eher einer Kette von glücklichen Zufällen als einer bewußten Hinführung zu verdanken.

6.2 Sexualität in der frühen Kindheit

Schon der Säugling zeigt Verhaltensweisen, die wir als sexuell ansehen müssen. Es gibt bereits in diesem Alter masturbationsähnliche Spiele. Jungen haben relativ häufig Erektionen, welche genitale Manipulationen begünstigen. Gelegentlich wird das Erleben eines Orgasmus erschlossen; doch auch bei intensivem Spiel mit dem Genitale kann es bei Jungen nicht zu Ejakulationen kommen, weil die entsprechende körperliche Reife nicht gegeben ist, wohl aber zu anderen Anzeichen eines Orgasmus wie z. B. Beckenbewegungen und Muskelspannungen. Analoge Beobachtungen gibt es auch bei Mädchen im Säuglings- und Kleinkindalter.
Im allgemeinen unterdrücken Erzieher das Genitalspiel der Kinder, so daß es schwerfällt, die Möglichkeiten und Grenzen des kindlichen Sexualverhaltens richtig einzuschätzen.
Kinsey et al. (1967a, S. 155) verlassen sich auf Schilderungen, nach denen bereits bei einem fünf Monate alten Jungen und einem vier Monate alten Mädchen Orgasmen beobachtet werden konnten und jeder dritte beobachtete Junge im ersten Lebensjahr zu Orgasmen fähig war.
Über das Erleben beim genitalen Spiel in diesem Alter kann nichts ausgesagt werden. Es ist möglich, daß manche sexuell anmutende Reaktion ohne Erlebniskorrelat bleibt: Erektionen können ohne sexuelles Erleben verlaufen, wie man aus der Traumforschung bei Erwachsenen weiß. Erektionen treten reflexartig bei Reizen auf, die man nur schwer als sexuell interpretieren kann, u. a. bei Ängsten, im Grunde bei allen starken Gefühlsregungen (l.c. 1967a, S. 141). Eine Erektion scheint somit mehr ein Zeichen allgemeiner als spezifisch sexueller Erregtheit zu sein.
Bei Kindern von 4–5 Jahren sind Masturbationen hinlänglich bezeugt. Auch Spiele mit den Genitalien anderer Kinder (Ansehen, Zeigen und Betasten) sind häufig; nicht selten haben sie die Form von »Doktorspielen«. Es ist denkbar, daß bei diesen frühen sexuellen Erfahrungen bereits entscheidende »Prägungen« stattfinden, z. B. auf dem Wege des klassischen Konditionierens.[48] Bei einem von Selg (mit)untersuchten sadistischen Sexualmord gab es starke Hinweise dafür, daß eine zufällige frühkindliche Verknüpfung von heterosexuellem Spiel mit dem Blick auf die Schlachtung einer Kuh eine der Ursachen für die Fehlentwicklung des Täters wurde. Sprudelndes Blut wurde für diesen Mann durch die im kindlichen Spiel gleichzeitig erlebte sexuelle Erregung zu einem Auslöser für Orgasmen. In seiner Jugend gab es eine plausible Zwischenstufe zum späteren

Mord: er erlebte Orgasmen, wenn er Kühen mit einem Messer ins Euter stach.

Die heterosexuellen Spiele im frühen Kindesalter lassen sich vielfach als Rollenspiele einstufen: Die Kinder spielen manchmal mit deutlich sexuellem Einschlag Vater, Mutter, Arzt – so, wie sie ohne sexuelle Beimischung Postbote, Kaminfeger und Soldat spielen. Entsprechend den bei uns vorherrschenden Modellen (sog. Lernen am Modell)[49] sprechen viele Kinder davon, wen sie heiraten werden, ohne allerdings das Heiraten immer mit sexuellem Verhalten zu verbinden. Eltern fördern gelegentlich solche Spiele; Väter flirten mit ihren Töchtern, Mütter mit ihren Söhnen und umgekehrt. Freud hat aus diesen Beziehungen zwischen Eltern und Kindern eine »ödipale Phase« erschlossen; systematische Beobachtungen sprechen gegen seine Interpretation (u. a. Malinowski 1962).

An Koitus oder koitusähnliche Verhaltensweisen in der frühen Kindheit erinnern sich (nach Ramsey 1943) noch 2–4% der weißen amerikanischen Männer. Diesen Erinnerungen müssen wir sehr skeptisch gegenüberstehen. In sexuell freizügigen Kulturen ist eine große Spielbreite frühkindlichen sexuellen Verhaltens und Erlebens anzutreffen. Ford und Beach schreiben (l.c. S. 202), in einer freizügigen Kultur werde die »Beschäftigung mit den Genitalien zur feststehenden Gewohnheit«; evtl. masturbieren Eltern ihre Kinder (Hopi, Sirionо); Kinder können das Sexualverhalten der Erwachsenen beobachten und sich an Gesprächen über Sexualität beteiligen. Es ergibt sich zwangsläufig, daß schließlich auch in »zivilisierten« Ländern eine partielle Freizügigkeit wahrscheinlich ist, zumal unter den ärmeren Bevölkerungsschichten, so z. B. wenn eine größere Familie in einem einzigen Raum leben muß.

Wie groß ist das Sexualwissen auf dieser Altersstufe? Befragungen von israelischen Kindern im Alter von 4 und 5 Jahren (Kreitler, zit. nach Broderick 1970) erbrachten, daß Kinder zumeist über Geschlechtsunterschiede unterrichtet waren und auch wußten, daß Kinder aus dem Bauch der Mutter kommen; aber über Geburt und Zeugung konnten sie keine zutreffenden Aussagen machen. Mit Vorsicht kann man annehmen, daß Kinder auch in anderen hochzivilisierten Ländern ähnlich informiert sind. Unterschiede sind dabei zwischen Stadt- und Landkindern anzunehmen. In einer freizügigen Kultur – z. B. die Aloresen von Indonesien – sollen fünfjährige Kinder schon gut über die Zeugung Bescheid wissen.

Freud vertritt die These, daß Mädchen in diesem Alter an der Vorstellung leiden, sie hätten durch eine Kastration den Penis verloren (sog. Penisneid) und daß Jungen aus Furcht vor einer solchen Kastration verbotene sexuelle Wünsche, die an die Mutter gerichtet sind, »verdrängen« (sog. Kastrationskomplex). In der empirischen Wissenschaft gibt es auch für diese These Freuds keine befriedigenden Belege.

Einige Untersuchungen aus dem Feld der Tierforschung, zumal mit Rhesusaffen (Harlow 1962), sprechen dafür, daß frühkindliche positive emotionale Erfahrungen, z. B. Zärtlichkeiten, grundlegend sind für die Partnerbeziehungen im Jugend- und Erwachsenenalter. Es ist deshalb merkwürdig, daß wir für alle Verhaltensweisen die Bedeutung von Lernprozessen betonen und für viele Verhaltensklassen Kurse und Schulen eingerichtet haben, nicht aber für das Sexualverhalten. Bei diesem fördern wir eher »Antiprozesse«, nämlich das Lernen von Hemmungen, und verbieten eine Vielfalt möglicher Verhaltensweisen (s. Scarbath 1966). Der z. T. noch verbreiteten Annahme, Sexualverhalten entwickle sich allein durch Reifung und Instinktsteuerung zu Formen, die für beide Geschlechter befriedigend sind, muß entschieden widersprochen werden. Mit der nötigen Vorsicht vor naiver Übertragung von Ergebnissen aus der Tierpsychologie auf den Menschen sei daher noch einmal auf die Untersuchungen Harlows an Rhesusaffen verwiesen. Sie zeigten, daß isoliert aufgezogene Tiere im Erwachsenenstadium nicht in der Lage waren, zu kohabitieren. Die Männchen waren desinteressiert und impotent. Die Weibchen gaben sich gegen Annäherungsversuche aggressiv, und nach erzwungener Schwangerschaft und Geburt fehlte ihnen mütterliches Pflegeverhalten. Dies stimmt mit vereinzelten Erfahrungen aus der Humanpsychologie und den Aussagen von Ford und Beach überein, nach denen »Unwissenheit und Mangel an Vorbereitung in Kindheit und Jugend« die Wahrscheinlichkeit optimalen sexuellen Verhaltens und Erlebens verringern.

6.3 Mittlere Kindheit (ca. 6 Jahre bis Pubertät)

Die Unterteilung in frühe und mittlere Kindheit ist willkürlich; sie erfolgt aus didaktischen Gründen zum Zweck der besseren Übersichtlichkeit. Ihr liegt keine sprunghafte Änderung in der Entwicklung, keine neue Phase o. ä. zugrunde. Sie orientiert sich am Einschulungsalter, somit an der einschneidendsten gesellschaftlichen Maßnahme, welche Kinder bei uns erfahren.

Wie geschildert, kann bei Kindern in freizügigen Kulturen bereits am Ende der frühen Kindheit Koitus beobachtet werden. In der Regel nimmt die Entwicklung unter den Bedingungen, die etwa in Mitteleuropa gegeben sind, einen langsameren Verlauf, welcher skizzenhaft nachgezeichnet werden soll. Schon in den USA herrschen offensichtlich andere Trends vor als bei uns, weshalb wir bewußt von »Mitteleuropa« gesprochen haben. Z. B. sind in den USA bestimmte Formen von heterosexuellen Beziehungen wie Kuß-Spiele bei Neunjährigen sehr beliebt (Broderick, S. 41), Tanzkurse werden früh besucht und es kommt zu frühen Verabredungen (datings), wobei diese Schilderungen mehr für die Mittel- als für die Unterschicht, mehr für die Stadt- als für die Landkinder gelten. Bei Mädchen sind die Verhaltensweisen früher anzutreffen als bei Jungen.

Gute Untersuchungen über dieses Alter gibt es nicht. Es ist schwer bzw. ausgeschlossen, für Gespräche mit einer größeren Stichprobe die Erlaubnis der Erziehungsberechtigten zu erhalten. Vielfach sind wir daher auf Erinnerungen Erwachsener angewiesen, so z. B. auch Kinsey et al., wobei die Kindheit der von ihnen Befragten nun schon rund zwei Generationen zurückliegt und generationstypische Verhaltensänderungen mit Sicherheit anzunehmen sind.

Nach Kinsey sind Orgasmen (bei Jungen) vor dem Pubertätsalter gesichert; multiple Orgasmen scheinen leicht möglich zu sein (S. 157), was wohl damit erklärt werden kann, daß Orgasmen ohne Ejakulation leichter und häufiger herbeizuführen sind als Orgasmen mit Ejakulation, wie sie nach der Pubertät üblich sind.

Masturbation dürfte in der mittleren Kindheit verbreitet sein. Etwa die Hälfte der befragten Männer (sowohl in den USA wie in England und in der Bundesrepublik Deutschland) gibt an, mit 13 Jahren oder früher masturbiert zu haben; beim weiblichen Geschlecht verweisen bis zu diesem Alter nur etwa 20% auf Masturbationserfahrungen.

Homosexuelle Spiele in Form von wechselseitigem Zeigen, Anschauen, Berühren und Masturbieren sind in den USA offensichtlich bei Jungen verbreiteter als bei uns. Ein Drittel der Jungen und ein Fünftel der Mädchen haben nach Kinsey et al. homosexuelle Spiele vor der Reifezeit erlebt. Von deutschen Studenten beiderlei Geschlechts hatten in vergleichbarem Alter etwa ein Fünftel entsprechende Erfahrungen. Bestimmte Umwelten (z. B. Internate) erhöhen die Anteile (Schofield, S. 65).

Über heterosexuelle Spiele (Zeigen und Anschauen) liegen sehr unterschiedliche Zahlenangaben vor. Grob gerechnet können wir bei einem Drittel bis zur Hälfte der Kinder mit entsprechenden Erfahrungen rechnen; Koituserfahrungen sind allerdings sehr viel seltener: nach Schofield höchstens bei einem Prozent bis zum Alter von 12 Jahren. Es fällt auf, daß es keine gleichmäßige Zunahme, sondern nach frühen Höhepunkten eher eine Abnahme heterosexueller Spiele gibt, was wahrscheinlich mit Broderick so interpretiert werden darf, daß die Kinder nach dem anfangs eher unbefangenen sexuellen Spiel sich allmählich der sozialen Bedeutung des Sexualverhaltens und der Normen bewußt werden.

In sexuell freizügigen Kulturen ist mit anderen Entwicklungen zu rechnen. Malinowski (ref. nach Broderick) berichtet, daß bei den Trobriandern Kinder den Koitus offen imitieren, d. h. gelegentlich voll ausführen. Die Trobriander gehören zu den sexuell freizügigsten Gruppen. Ford und Beach nennen insgesamt 32 Kulturen als freizügig, 15 als restrektiv und 47 als teilweise restrektiv.

Möglich ist wahrscheinlich allen Kindern alles; was ihnen erlaubt wird, ist je nach Kultur sehr verschieden. Bei uns verhindert die Furcht der erziehenden Generation vor Geschlechtskrankheiten und früher Schwangerschaft eine großzügige Norm; verbreitet ist auch die letztlich unbegründete Befürchtung, frühe Sexualität verursache körperliche und seelische Schäden. Vielleicht spielt sogar der Neid der in der sexuellen Potenz nachlassenden gesellschaftlichen dominierenden Elterngeneration hier eine Rolle.

Das Wissen um Zeugung, Schwangerschaft und Geburt hat sich bei den

Kindern dieser Altersstufe in der letzten Generation sehr wahrscheinlich vermehrt. Nach Ramsey (1943) wußten 21% der 7jährigen amerikanischen Jungen, daß Kinder aus dem Bauch der Mutter kommen; 17% wußten um die Bedeutung des Geschlechtsverkehrs. Englische und schwedische Kinder (nach Schofield und Broderick) sollen sich 1969 sehr viel weniger informiert gezeigt haben als die amerikanischen Kinder 26 Jahre zuvor. Der Verdacht auf unzweckmäßige Erhebungsmethoden – wahrscheinlich bei Ramsey – drängt sich auf.

Als Aufklärungsquelle kommen vorwiegend Eltern und Lehrer, Gleichaltrige und Bücher in Betracht. Eltern informieren aber nicht immer wahrheitsgemäß (sie erzählen z. B. noch die Geschichte vom Klapperstorch), dies noch in einem Alter, in dem die Kinder einiger Primitivkulturen normalerweise bereits selbst Koituserfahrungen sammeln konnten (so bei den schon erwähnten Trobriandern östlich von Neuguinea und den Leptscha vom südlichen Himalaya).

In der Bundesrepublik Deutschland wird Sexualkunde in den Schulen gelehrt. Die Voraussetzungen für diesen Unterricht sind nicht günstig. Lehrer werden durch unklare Regelungen und restriktiv eingestellte Eltern verunsichert. Darüber hinaus stehen als Hilfsmittel z. B. überwiegend nur solche Filme zur Verfügung, die entweder einseitig biologisch orientiert sind und einige Querschnittzeichnungen der Geschlechtsorgane bringen, den Augenblick der Befruchtung in mikroskopierender Großaufnahme festhalten, oder aber solche, die mit erhobenem Zeigefinger vor den möglichen nachteiligen Folgen sexueller Tätigkeit warnen. Auf dem Buchmarkt entspricht dieser Sachlage der sog. Sexualkundeatlas, der 1969 im Auftrag des damaligen Bundesministeriums für Gesundheitswesen herausgegeben worden ist, und der durch seine Bilder allenfalls Furcht vor, aber nicht positive Erwartungen zur Sexualität weckt.

Eine Latenzphase, also eine Phase sexueller Ruhe, wie Freud sie für dieses Alter annahm, gibt es nicht. Die relative Ruhe ist z. T. von der Umwelt erzwungen, z. T. beweist sie, daß die Kinder mit Erfolg ihr Verhalten und Erleben verbergen, nachdem sie erste Einschränkungen und Bestrafungen für sexuelles Verhalten erlebt haben.

6.4 Sexualität im Jugendalter

Der Begriff Jugendalter umfaßt (so Oerter im Lexikon der Psychologie, Bd. II) einen nicht genau umrissenen Entwicklungsabschnitt zwischen 11 und 20 Jahren. Hier wollen wir die Jugendzeit mit der Pubertät beginnen lassen. Doch was versteht man unter »Pubertät«? So oft die Bezeichnung auch gebraucht wird: Es ist derart unklar, was sie eigentlich umreißen soll, daß man von einem Begriffswirrwar sprechen darf. Vielfach wird eine erste Phase als Vorpubertät, eine letzte als Nachpubertät bezeichnet. Das schon zitierte Lexikon der Psychologie gibt zum Stichwort »Pubertät« keine

Auskunft. Vorpubertät wird umschrieben als ca. einjähriger Entwicklungsabschnitt, der früher gern auch als »Flegelalter«, »Trotzalter«, »negative Phase« bezeichnet worden ist. Körperlich auffällig sei ein Wachstumsschub in dieser Zeit.

Wir werden die begrifflichen Unklarheiten nicht zufriedenstellend beseitigen können. Wahrscheinlich tun wir gut daran, *Pubertät* als eine Zeitspanne zu verstehen, die durch eine *Konstellation körperlicher Veränderungen*, also durch verschiedene Hinweise auf eine körperliche Reifung gekennzeichnet ist. Reifezeit ist deshalb ein übliches Synonym für Pubertät. Will man nun empirische Untersuchungen – etwa über die Motorik, über die Intelligenzentwicklung oder über das heterosexuelle Verhalten in der Jugend durchführen, so kann man verschiedene dieser Reifungshinweise als Kriterien eines bestimmten Reifungsstadiums festsetzen. Bevorzugte Kriterien sind: Menarche (erste Menstruation) und Ejakularche (erste Ejakulation), aber auch Schamhaarwachstum (bzw. dessen Pigmentierung oder Kräuselung)[50] oder der Größenwachstumsschub.

Im 9./10. Lebensjahr (mit großer zeitlicher Streubreite; bei Mädchen etwa 2 Jahre früher als bei Jungen) treten bei vielen Kindern größere physiologische Veränderungen auf: Von der Hypophyse, einer hormonbildenden Drüse des Gehirns, werden vermehrt Hormone ausgeschüttet. Diese regen u. a. die Produktion von Sexualhormonen in den Keimdrüsen und die Produktion von Samenzellen bzw. die Eireifung an. Broderick spricht von einem massiven Hormonbombardement, welches schließlich zur sichtbaren körperlichen Veränderung führe.[51]

Diese von den Hormonen mitgesteuerten Veränderungen sind sehr vielfältig. Sie umfassen u. a. ein vermehrtes Größenwachstum (bis zu 10 cm in einem Jahr); bei den Mädchen kommt es zu einer Hüftverbreiterung, bei den Jungen zu einer ausgeprägten Muskelbildung; die primären und sekundären Genitalorgane entwickeln sich bei beiden Geschlechtern. Bei Mädchen zeigt sich (in den USA durchschnittlich mit ca. 12 Jahren) die Schambehaarung, etwa gleichzeitig die Brustentwicklung, kurz danach kommt es zur ersten Menstruation. Bei den Jungen treten entsprechende Reifungsmerkmale um ein oder zwei Jahre später auf: Hoden- und Penisvergrößerung, Schamhaarwachstum, erste Ejakulation, Stimmbruch und Bartwuchs.

Alle Angaben zum Reifungsstand schwanken sehr stark; in den USA treten die Reifungsmerkmale früher auf als in Europa. Klimazonen und Ernährungszustand spielen offensichtlich eine Rolle. Im letzten Jahrhundert ist eine deutliche Vorverlegung der Reifungsmerkmale zu erkennen. Z. B. ist die Menarche, die heute im allgemeinen mit 12–13 Jahren eintritt, vor hundert Jahren erst bei 16–17jährigen Mädchen aufgetreten.

Menarche und Ejakularche bedeuten nicht volle Fortpflanzungsfähigkeit. Ford und Beach nehmen eine jugendliche Sterilität an, welche erklären könnte, warum in sexuell freizügigen Kulturen frühe Schwangerschaften selten sind.[52]

Um die Pubertät ist viel Aufhebens gemacht worden, doch wohl weniger wegen der körperlichen Reifung als vielmehr wegen der parallel dazu angenommenen psychischen Krise. Jugendliche gelten während der Hauptreifezeit als verschlossen, trotzig, erregbar, labil und unsicher. Man nimmt Leistungsschwankungen oder -rückgänge in der Schule an und glaubt, motorische Ungeschicklichkeiten zu erkennen. Alle nur denkbaren Auffälligkeiten werden in diesem Alter mit einem Hinweis auf die Pubertät »erklärt«; wenn z. B. Lehrer bei Achtkläßlern einen langweiligen Unterricht machen, und die Kinder unkonzentriert-gelangweilt bei der Sache sind, so ist die Pubertät schuld ...

Man kann solche Krisenerscheinungen, sofern sie überhaupt auftreten, weniger auf die Reifung als vielmehr auf soziokulturelle Gegebenheiten zurückführen. Margaret Mead hat in sog. Primitivkulturen (auf Samoa) die Pubertätskrise nicht beobachten können. Diese scheint auszubleiben, wenn die jungen Menschen nach Menarche und Ejakularche rasch und uneingeschränkt von der Kindesrolle in die Erwachsenenrolle überführt werden. In-die-Pubertät-kommen bedeutet dort: Erwachsen-werden. Vielfach wird der Eintritt ins Erwachsenenalter besonders zeremoniell vollzogen. Anlaß sind bei Mädchen gewöhnlich die Menarche, bei Jungen Veränderungen im Haarwuchs (Schamhaar, Gesichtshaar) oder die Ejakularche. Die Betroffenen werden oft einige Zeit isoliert, in die Geheimnisse des Erwachsenenlebens eingeweiht, oft tätowiert, schmerzhaften Prüfungen unterzogen, nicht selten beschnitten (sog. Initiationsriten). Vielfach demonstriert danach eine neue Bekleidungs- und Schmuckform den Erwachsenenstatus.

Wo aber – wie bei uns – junge Menschen eine längere Zeit brauchen, um voll in die komplexe Kultur der Erwachsenenwelt hineinzuwachsen und anerkannt zu werden, kommt es leicht zu Schwierigkeiten. Die Jugendlichen haben nicht mehr die Freiheiten des Kindes, dem letztlich fast jede Schwäche verziehen wird, und noch nicht die Fertigkeiten und damit auch nicht die Rechte und Pflichten des Erwachsenen. Am ehesten wird der (Hilfs-)Arbeiter in seiner Gruppe ein gleichberechtigter Erwachsener, am spätesten der Akademiker, der bis zum Alter von 25 bis 30 Jahren abhängig bleibt. Bestimmte Zeremonien unterbleiben meist; die bei uns üblichen Prüfungen verschiedener Art sind vom sexuellen Charakter der Pubertätsriten weit entfernt.

Wahrscheinlich sind also die Krisen, die Konflikte des Jugendlichen bei uns nicht biologisch angelegte Erscheinungen, sondern Konsequenzen einer kulturell gesetzten Statusunsicherheit. Daß körperliche Vorgänge hierbei auch eine Rolle spielen können, erscheint plausibel, wenn man z. B. daran denkt, daß mancher Jugendliche unaufgeklärt von der Menarche bzw. Ejakularche überrascht wird, wobei die Menarche üblicherweise heftige Ängste (Erkrankungs- oder gar Todesängste) auslösen kann.

Wenige Jahre nach den dramatischen Pubertätserscheinungen pflegt der Jugendliche allmählich wieder einen gefestigteren Eindruck zu machen. Er hat sich angepaßt oder hat als Volljähriger die Gleichberechtigung weitgehend erlangt. Reifungsprozeß und Wachstum dauern noch eine Weile an. Diese spätere Phase der Jugend, die ohne deutliche Grenzziehung auf die »bewegtere« Pubertät folgt, wird im deutschen Sprachraum gern »Adoleszenz« genannt (während die US-Literatur »Adoleszenz« mehr als Synonym für die Jugend insgesamt benutzt).

In der Jugend wird die Sexualität zu einem zentralen Erlebensbereich; sexuelles Interesse zu zeigen, gehört zum Rollenverhalten des Jugendlichen. Doch möchten weite Kreise das Sexualverhalten auf Schwärmereien, auf kontrollierte Verabredungen und Tanzveranstaltungen beschränken.

Wir haben bislang noch nicht im engen Sinne über Sexualverhalten und -erleben der Jugendlichen gesprochen. Mit der Geschlechtsreife kommt es zu einer lebhaften Entwicklung der Sexualität; diese wird je nach Alter sehr unterschiedlich erlebt: Für ein 10jähriges Mädchen ist die Menarche sicherlich ein anderer Entwicklungseinschnitt als für eine 16jährige, die lange auf ihre erste Menstruation gewartet hat. Weder jene, die sehr früh, noch die, die sehr spät reifen, haben es in ihrer Altersgruppe leicht (Broderick, S. 71); sie bilden eine relativ abgelehnte Minderheit.

Die körperliche Reifung bewirkt beim Jungen über kurz oder lang die erste Ejakulation, die entweder durch Masturbation herbeigeführt wird oder sich als Pollution (d. h. Erguß im Schlaf) ereignet. Pollutionen hinterlassen Spuren im Bett, was oft zu Schamgefühlen führt, wenn nicht Eltern und Kind vollauf informiert sind. Von Ausnahmefällen abgesehen, wird aber jede Ejakulation als lustvoll, als Orgasmus erlebt. Es kommt bei fast allen männlichen Jugendlichen in ihrem Gefolge zu leidlich regelmäßiger sexueller Aktivität (Masturbation oder Koitus). Mit 15 Jahren haben (Kinsey et al., S. 168) über 90% der Jungen einen Orgasmus erlebt (eine Häufigkeitsangabe, die wir beim weiblichen Geschlecht erst bei 29jährigen antreffen).

Mädchen erleben die Menarche – wenn wir sie als Pendant zur Ejakularche betrachten wollen – oft negativ und oft als a-sexuell. D. h. die Menarche ist ein Reifezeichen, das vom aufgeklärten Mädchen erwartet und beim Eintritt positiv zur Kenntnis genommen wird, aber sexuelle Gefühle, körperliche Lustgefühle im Genitalbereich treten dabei kaum auf. Insofern regt die Menarche sexuelle Aktivitäten nicht ausdrücklich an. Bei schlecht vorbereiteten Mädchen werden im Gegenteil Angst und Ekel vor dem Genitalbereich und damit vor der Sexualität gefördert. Menstruationen machen eine besondere Hygiene erforderlich; vielfach werden dabei Mädchen zu übertriebener Zurückhaltung, etwa im Sport, angehalten. Nach Mead (1958, S. 174) sind die bei uns verbreiteten Menstruationsbeschwerden nicht in allen Kulturen anzutreffen, also von erlernten Erwartungen (mit) abhängig.

Wie Sigusch und Schmidt (1973) schreiben, durchlaufen Jugendliche bei uns gewisse »Stufen« des heterosexuellen Verhaltens: Verabredungen (ab 13/14 Jahren), Küssen, Petting (erste Phase: Jungen berühren das Genitale der Mädchen; zweite Phase: Mädchen berühren das Genitale der Jungen), daraufhin Koitus, schließlich oral-genitale Kontakte. Es handelt sich hier

nicht um präformierte Reifungsstufen, eher um »sachlogische« Stufen. Sie können von einzelnen also auf den Kopf gestellt werden; vielfach werden auch »Stufen« übersprungen (z. B. das Petting). Bei den Jugendlichen, die das Verhalten der verschiedenen Stufen nicht oder sehr spät zeigen, liegen nach Sigusch und Schmidt weniger moralische Gründe als vielmehr Schüchternheit, Angst vor der Reaktion des Partners usw. vor.
Die körperliche Reife lenkt das Augenmerk auf sexuelle Möglichkeiten. Schnabl stellt fest: Je früher die Pubertät einsetzt, desto eher kommt es auch zum Geschlechtsverkehr. Kinsey et al. gehen für die Jungen noch weiter: frühentwickelte Jungen seien in jeder Hinsicht sexuell aktiver als spätentwickelte. Als Erklärung gilt: Wer körperlich frühentwickelt ist, entwickelt sein Sexualverhalten, noch bevor er die kulturellen Normen voll verinnerlicht hat. Die Unterschiede zwischen Früh- und Spätentwickelten sind selbst nach Jahrzehnten noch in unterschiedlichen Orgasmusraten erkennbar (S. 272).
Zur Masturbation gelangt nahezu jeder männliche Jugendliche; etwa 80% der 14jährigen und über 90% der 16/17jährigen kennen sie (Sigusch und Schmidt, Tabelle 16). Bei Mädchen ist die Selbstbefriedigung sehr viel weniger verbreitet: Die Vergleichszahlen sind etwa 40% und 50%. Die Tatsache, daß annähernd jeder männliche Jugendliche masturbiert, hat zu einer Änderung früherer Bewertungen geführt. Lange hat man von der Masturbation schwere körperliche und seelische Schäden erwartet; heute darf dies als Irrglaube angesehen werden. Ein Bonmot hat wahrscheinlich recht, welches behauptet, daß derjenige, der aussagt, er habe nie onaniert, es gegenwärtig noch tut.
Relativ oft soll es vorkommen, daß Mädchen zwar masturbieren, aber dieses Verhalten nicht als sexuell begreifen. So schildert z. B. Ellis (1977, S. 148) einen Fall, in dem eine Lehrerin behauptete, noch nie masturbiert zu haben. Sie verstand unter Masturbation – wie sich später herausstellte – eine Selbstbefriedigung mit vaginalen Manipulationen, mit Einführungen von Objekten in die Vagina (S. 148).
Masturbation schadet nicht; jeder verschafft sich nur so viel Orgasmen, wie er verkraften kann. Beim jugendlichen Menschen können das mehrere am Tag sein. Kinsey et al. geben zwei bis drei Masturbationen pro Woche für männliche Jugendliche an. Als schädlich müssen übermäßige Schuldgefühle angesehen werden, die durch harte Keuschheitsanforderungen und falsche Informationen begründet werden. Die Funktion der Masturbation darf neben dem unmittelbaren Lustgewinn sehr wohl auch in einer generellen Einübung des sexuellen Verhaltens und Erlebens gesehen werden. Zumal bei Mädchen kann Masturbation eine Bewußtmachung des eigenen Körpers, eine Sensibilisierung erreichen (s. Kap. 8.3.4.2).
Zum Koitus gelangt in der Jugend ein zunehmend größerer Prozentsatz, die Jungen früher als die Mädchen. Bei Kinsey et al. waren fast 40% der 15jährigen, fast 70% der 18jährigen Jungen koituserfahren, aber nur weniger als 10 bzw. 20% der Mädchen. Für europäische Länder liegen andere

Angaben vor: Zum einen war die Verbreitung bei uns vor 30 bis 40 Jahren, als Kinsey seine Daten erhob, geringer; zum anderen sind die Differenzen zwischen den Geschlechtern weniger ausgeprägt. Nach Schofield haben 6% der 15jährigen, 34% der 18jährigen Jungen Koituserfahrungen; bei den Mädchen 2 bzw. 17% (Tab. 3.4).
Aus dem deutschen Sprachraum ist hier zu ergänzen: 18jährige Jungen und Mädchen in der DDR (Schnabl 1972) haben zu rund 50% Koituserfahrung. Eine annähernd gleiche Zahl fand man bei westdeutschen Arbeitern mit 17 bzw. 18 Jahren (Sigusch und Schmidt 1973 bzw. Schmidt und Sigusch 1971), bei westdeutschen Studenten aber erst mit 21 Jahren (Giese und Schmidt 1968). Nach dem Ralf-Report (1978) sind die Zahlen weiter gestiegen: etwa 60% der 18jährigen Jungen, aber etwa 80% der 18jährigen Mädchen geben Koituserfahrungen an.
Für den ersten Geschlechtsverkehr spielt offensichtlich die körperliche Attraktivität eine große Rolle: je attraktiver, desto eher. Doch wird der Koitus zunächst relativ sporadisch ausgeführt, vielleicht zweimal im Monat (Sigusch und Schmidt 1973); Kontrazeption wird oft nicht bedacht.
Während der Orgasmus beim Jungen in der Regel mit der Ejakulation verbunden ist, diese wiederum beim Geschlechtsverkehr regelmäßig eintritt, gelangt nur etwa die Hälfte der koituserfahrenen Mädchen häufig, ein Viertel hingegen nie zum Orgasmus (Broderick, S. 97).
Dem Ralf-Report kann man entnehmen, daß etwa 44% der 18jährigen Mädchen einen Orgasmus beim Geschlechtsverkehr erlebt haben.
Nach Hertoft sind unter den »Früherfahrenen« (Koitus vor 16) auch die Problemfälle der Gesellschaft, z. B. die Geschlechtskranken, die durch Rücksichtslosigkeit Auffallenden etc. (S. 116). Man darf davon ausgehen, daß Jugendliche, die zum Normenbruch neigen, dies auch in sexueller Hinsicht tun. Wahrscheinlich darf die Interpretation nicht lauten: Weil sie koituserfahren sind, deshalb begehen sie auch andere Normenbrüche; vielmehr: Weil sie allgemein nicht von Normen gebremst werden, deshalb auch nicht von sexuellen.
Sigusch und Schmidt stellen 1973 für die letzten Jahre eine zunehmende Masturbation bei Mädchen fest, ebenso eine Vorverlegung des ersten Koitus. Schorsch und Schmidt (ähnlich Christensen in seinem Kulturvergleich) finden auch bei den früher zurückhaltenden höheren Schülern und speziell dort bei den Mädchen eine Vorverlegung von Masturbation und Koitus, sowie eine Abnahme sexueller Ängste.
Nach Schnabl erleben Frauen – sofern überhaupt – den Orgasmus im Koitus durchschnittlich etwa drei Jahre nach dem ersten Geschlechtsverkehr. Diese Verzögerung wird mit Störungen durch die Normen, mit mangelhafter Einfühlung seitens der Männer und mit mangelhaftem Sexualwissen erklärt. Je jünger die Mädchen beim ersten Koitus sind, desto länger scheinen sie auf den Orgasmus warten zu müssen.
Da wir Jugendlichen im allgemeinen noch keine vollen sexuellen Freiheiten zubilligen, obgleich ihre Bedürfnisse vielfach stark entwickelt sind und die

Potenz höher ist als jemals später, kommt es zu Heimlichkeiten und bei vielen zu Zwischen- oder Ersatzlösungen wie dem Petting. Petting reicht vom Küssen bis zur wechselseitigen Masturbation mit Orgasmus; der Koitus im engen Sinn wird vermieden (andernfalls gilt Petting in der Fachsprache als Koitusvorspiel, nicht als Ersatz). Nach Schofield kennen etwa die Hälfte der Jugendlichen von 18 Jahren das Genitalpetting.

Das Sexualverhalten der Jugendlichen wird mitbestimmt von Prestigeüberlegungen: Nach ungeschriebenen Normen soll jeder ältere Jugendliche einen gegengeschlechtlichen Partner haben; männliche Jugendliche gewinnen evtl. Ansehen durch häufiges Wechseln der Partner.

Homosexualität ist in der Jugend verbreitet, wenn man gemeinsam oder wechselseitig betriebene Masturbation der Homosexualität zurechnet. (Entsprechende Zahlen für Dänemark nach Hertoft: 42% bzw. 9% der männlichen Jugendlichen). Diese Masturbationsarten pflegen vereinzelt bzw. ein Durchgangsstadium zu bleiben.

Sexuelle Kontakte mit Tieren (sog. Sodomie) sind bei Kindern und Jugendlichen auf dem Land nichts Ungewöhnliches. Etwa jeder sechste auf dem Land lebende männliche Jugendliche hat in den USA nach Kinsey et al. entsprechende Erfahrungen (1967a, S. 621); als Objekte dienen insbesondere Kälber, Schafe, Esel, aber auch Hunde usw. Bei Mädchen sind Kontakte mit Tieren unbedeutend (Kinsey et al. 1967b, S. 388).

Das Bild, das Jugendliche in ihrem Sexualverhalten bieten, ist meist außerordentlich komplex. Auch unsere Normen sind sehr uneinheitlich. Während Religionen, zumal die katholische, sexuelle Enthaltsamkeit bis zur Ehe fordern, hat sich de facto eine Doppelmoral gebildet, die noch verbreitet ist: sie billigt dem Mann sexuelle Beziehungen zu (notfalls mit Prostituierten), während Frauen bis zur festen Bindung jungfräulich bleiben sollen. Diese Doppelmoral wurde von Frauen weitgehend toleriert und sie wird es zum Teil noch. Daneben gibt es zunehmend Normvorstellungen, welche auf sexuelle Freizügigkeit in unserer Gesellschaft abheben (s. Reiss 1970). Eingeschränkt wird diese Fähigkeit von den meisten durch die Forderung nach Zuneigung, Liebe, fester Partnerbindung.

Normenvorstellungen sind raschen Änderungen unterworfen. Viele befürchteten im letzten Jahrzehnt einen Normenzerfall. Nach Sigusch und Schmidt ist aber der Wunsch nach Heirat – zumal bei den Frauen – noch überaus verbreitet; Liebe und Treue werden hochgeschätzt.

Normunterschiede zwischen Angehörigen verschiedener Gruppen können zu merkwürdigen Mißverständnissen führen (s. Kap. 2.3.4).

Detailinformationen über das Sexualverhalten Jugendlicher enthält vor allem Brodericks Buch. Es umfaßt Berichte über die Anwendung von Verhütungsmitteln ebenso wie die Häufigkeit von Geschlechtskrankheiten und die Einstellung zur Ehe, zu Sexualbeziehung usw.

6.5 Sexualität im Erwachsenenalter

So wie zwischen Kindheit und Jugend kann auch zwischen Jugend und Erwachsenenalter nur akzentuierend getrennt werden. Als Erwachsene wollen wir die z. Zt. vor dem Gesetz als erwachsen geltenden Personen, also die über 18jährigen bezeichnen. Damit sollen auch die relativ zahlreichen Arbeiten über Studentensexualität hier Erwähnung finden. Diese Altersfestlegung ist auch biologisch insofern berechtigt, als nach Kinsey et al. (1967 a, S. 162) bei 18jährigen vielfach bereits das Wachstum abgeschlossen ist und ferner die Phase der jugendlichen Sterilität vorbei sein dürfte.
Aus der Sexualität des Erwachsenenalters werden wir später die Sexualität für ältere Menschen ausklammern (bei Frauen vom Klimakterium an gerechnet, das gegen Ende des 5. Lebensjahrzehnts erwartet werden kann; bei Männern entsprechend von etwa 50 Jahren an).
Die meisten Untersuchungen über Erwachsenensexualität sind an *studentischen* Stichproben erhoben worden. Diese sind aber keineswegs repräsentativ für die Gesamtheit der Erwachsenen. Studenten gelangen im allgemeinen z. B. später zum Koitus, aber auch zu differenzierteren Formen des Sexualverhaltens als Leute mit einfacherer Bildung.
Große Bedeutung dürfen wir Christensens vergleichender Untersuchung bei Studenten zumessen. 1958 und 1968 hat er 1. bei den Mormonen in den USA, 2. im mittleren Westen der USA und 3. in Dänemark – vorwiegend mit Fragebögen – Daten erhoben. Die Mormonen haben eine stark restriktive Sexualmoral, die von ihrer Kirche bestimmt ist; der mittlere Westen der USA darf als gemäßigt restriktiv gelten; Dänemark war bereits 1958 relativ freizügig; die vorherrschende protestantische Religion beherrschte nicht das sexuelle Verhalten.

Die wichtigsten Vergleichszahlen von 1958:

		Mormonen	mittlerer Westen	Dänemark
Koituserfahrung	♂	39%	51%	64%
	♀	10%	21%	60%
Petting (ohne Koitus)	♂	38%	40%	33%
	♀	65%	56%	34%

Petting darf als Übergangserscheinung zum Koitus in repressiven Kulturen angesehen werden; es erlaubt ein breites Einüben von Sexualverhalten und -erleben; es ist bei Studenten stärker verbreitet als in anderen Gruppen, in den USA stärker als in Europa.
Die Minderheit unter den Mormonen, die überhaupt Koituserfahrung besaß, tat zunächst recht wenig zur Empfängnisverhütung. Alkohol und Gewalt oder moralischer Zwang spielten eine Rolle. Die Koitushäufigkeit blieb bei den Erfahrenen gering. Die Dänen erwiesen sich in ihren Partnerbeziehungen als relativ stabil, nicht als promisk; beide Geschlechter zeigten etwa gleiche Erfahrungen.

Die *Einstellungen* zur Sexualität sind in den drei Kulturen auch deutlich verschieden. Bei den Mormonen ist die Mißbilligung von vorehelicher Sexualität so groß, daß man sagen darf, die voreheliche Sexualerfahrung sei größer als die Billigung. Daraus resultieren Schuldgefühle und Reue nach dem vorehelichen Koitus. Der »mittlere Westen« nimmt hier – wie bei allen Daten – eine Zwischenposition ein: Billigung und Erfahrung sind mittelstark ausgeprägt.
Bei den Dänen ging die Billigung vorehelicher Erfahrungen weiter als die praktische Erfahrung; Schuld und Reue beeinträchtigen das voreheliche Sexualleben somit kaum.
Die 1968 durchgeführte Wiederholung der Untersuchung ergab überall eine Änderung der Einstellungen im Sinn vermehrter Billigung (in Dänemark praktisch zu 100%). Überall fand sich parallel dazu eine Zunahme von vorehelicher Koituserfahrung bei den weiblichen Studenten sowie eine allgemeine Annäherung der Erfahrungszahlen beider Geschlechter. Diese Teilemanzipation verdrängt die Doppelmoral.

		Mormonen	mittlerer Westen	Dänemark
Koituserfahrung	♂	37%	50%	95%
	♀	32%	34%	97%

Die zu Schuldgefühlen führenden Diskrepanzen zwischen den Einstellungen und dem Verhalten haben insgesamt abgenommen, wenngleich in den USA Reue nach dem ersten Koitus immer noch bei ca. 10% dominiert. Berichte über Gewaltanwendung beim ersten Koitus sind deutlich zurückgegangen. Die jungen dänischen Studenten sind nahezu alle koituserfahren; sie wechseln ihre Partner häufiger als 10 Jahre zuvor.
Die Verhältnisse in der Bundesrepublik Deutschland werden im allgemeinen als den dänischen ähnlich beurteilt. Giese und Schmidt (1968) fanden 75% der männlichen und 62% der weiblichen Studenten als koituserfahren. Interessant ist, daß bereits vor dem ersten Weltkrieg unter männlichen Studenten die Koituserfahrung ähnlich hoch war; doch damals wurde im Zeichen der Doppelmoral die sexuelle Erfahrung mit Prostituierten gesammelt, jedenfalls nicht mit Mädchen der gleichen Schicht.
Die bei deutschen Studenten vorherrschende Einstellung entspricht ihrem Gesamtverhalten. Homosexuelle Erfahrungen sind mit 19% (männlich) und 4% (weiblich) wesentlich niedriger als die (vermutlich überhöhten Zahlen) bei Kinsey erwarten ließen. Zur Masturbation der deutschen Studenten ist zu sagen, daß sie bei praktisch allen männlichen (95%) und bei zwei Drittel der weiblichen Studenten verbreitet ist. Zur Masturbation kommen Frauen – zumindesten die Probanden aus der Untersuchung von Giese und Schmidt – vielfach erst *nach* der Koituserfahrung, Männer vorher. So kann man sagen, männliche Masturbation sei von der körperlichen Reifung, weibliche von der sexuellen Erfahrung abhängig. Der Gedanke an Dornröschen, das wachgeküßt wird, mag sich aufdrängen. Tatsache ist

aber, daß diese Befunde immer auch vor dem Hintergrund einer Erziehung zu sehen sind, die z. T. noch patriarchalisch geprägt ist und Reste einer Doppelmoral beinhaltet. Daran ist auch zu denken, wenn mit Giese und Schmidt (auch Israel et al. in Schweden) zumal beim weiblichen Geschlecht eine bemerkenswerte Neigung zur romantischen Liebe (d. h. Sexualität nur bei Liebe und Treue) festgestellt wird. Die Frau entdeckt nach diesen Autoren erst die Liebe, dann den Sex; beim Mann ist die Abfolge umgekehrt.

In Übereinstimmung mit der Persönlichkeitstheorie Eysencks haben Giese und Schmidt bei den Extravertierten größere sexuelle Erfahrungen und größere sexuelle Mobilität ermittelt als bei den Introvertierten, bei den emotional Labilen mehr Masturbation als bei den emotional Stabilen. Hier dürfen auch die Befunde Schofields assoziiert werden, wenngleich sie bei Jugendlichen gewonnen wurden, nach denen die Koituserfahrenen vermehrt (also die Extravertierten) oft zu größerem Alkohol- und Nikotinkonsum neigen.

Für die nichtstudentischen jungen Leute liegen auch einige Arbeiten vor. Nach Hertoft sind mit 20 Jahren koituserfahren:

	USA (Kinsey et al.)	Schweden (1969/70)	Dänemark
♂	ca. 75%	ca. 85%	ca. 75%
♀	ca. 20%	ca. 82%	-?-

Die Zahlen von Kinsey et al. sind natürlich veraltet; nach Hunt (1974) sind jetzt 43% aller unverheirateten 25jährigen Amerikanerinnen koituserfahren gegenüber einem Drittel bei Kinsey.

Nötig wäre es, zwischen unverheirateten und verheirateten jungen Leuten zu unterscheiden. Nach Schofield haben in England bei den 17 bis 19jährigen Unverheirateten etwa jeder dritte junge Mann und jede sechste junge Frau Geschlechtsverkehr. Nach Schnabl (S. 98) hat die Hälfte der Frauen und Männer bis zum Alter von einschließlich 18 Jahren Koituserfahrungen. Westdeutsche Arbeiter sind mit 20/21 Jahren zu 81% (männlich) bzw. 83% (weiblich) koituserfahren, wobei religiöse Bindung die Koituserfahrungen senkt, körperliche Attraktivität sie steigert. Die Verwendung von Verhütungsmitteln ist überraschend gering; bei dänischen ungelernten unverheirateten Arbeitern wendet mehr als die Hälfte keine Verhütungsmittel an (Hertoft, S. 94). Im allgemeinen kommen junge Arbeiter eher zum Koitus als z. B. Studenten. Nach Kinsey sind bei höherer Bildung Masturbation , Pollution und Petting verbreiteter, Koitus seltener.

Die sexuellen Erfahrungsunterschiede zwischen den Geschlechtern sind bei Studierenden geringer als bei Arbeitern d. h. die Zahlen – etwa über erste Koitus- oder Masturbationserfahrungen – sind bei Studentinnen und Studenten einander ähnlich.

Bell zeichnet nach, wie im Lauf dieses Jahrhunderts die voreheliche Koitusverbreitung zugenommen hat. In den USA hatten vor 1890 Geborene nur zu 49% (Männer) bzw. 13% (Frauen) voreheliche Koituserfahrung; diese Zahlen stiegen in den ersten Jahrzehnten unseres Jahrhunderts, danach angeblich nicht mehr; Bells Buch ist aber vor dem Höhepunkt der »Sexwelle« erschienen (1968 bzw. 1966).

Masturbation fand Kinsey bei 94% der Männer vor der Ehe und bei 41% der Frauen (bei 20jährigen mit 92 bzw. 33%), Hertoft bei 93% der 18 bis 19jährigen männlichen Dänen. Dabei ist es bemerkenswert, daß 20% der jungen Dänen Masturbation für schädlich halten und fast die Hälfte mit Schuldgefühlen reagiert. An Gemeinschaftsmasturbation haben 42% teilgenommen, also im Sinne Kinseys homosexuelle Erfahrungen gesammelt. Die Masturbation wird in der Entwicklung allmählich vom Koitus verdrängt.

Der heterosexuelle Koitus ist die vorherrschende Form des Sexualverhaltens Erwachsener in allen Kulturen. Eine restriktive Moral hat den Koitus in der Ehe zum alleinigen Sexualverhalten erklären wollen. In der Ehe werden aber neben dem ehelichen Geschlechtsverkehr auch andere Formen des Sexualverhaltens beibehalten, wenn auch vermindert, z. B. die Masturbation.

Verbreitet sind Einschränkungen des Koitus für die Frauen bei Menstruation und Schwangerschaft. Nur selten sind – von einigen Wochen vor und nach einer Geburt abgesehen – diese Einschränkungen zwingend erforderlich; meistens erfolgen sie nach alter Väter Sitte bzw. nach Gutdünken des behandelnden Arztes.

Nach den bei uns vorherrschenden Normen soll Sexualität im Erwachsenenalter in der Institution der Ehe zu ihrer Erfüllung kommen. Die Eheschließung ist das markanteste Datum im frühen Erwachsenenalter; sie soll nicht zuletzt die Sexualität zweier Erwachsener kanalisieren. Außerhalb der Ehe soll sich nach verbreiteter strenger Vorstellung – etwa der katholischen Kirche – Sexualität nicht ereignen. Selbst innerhalb der Ehe war Sexualität lange nur insofern erlaubt, als sie der Fortpflanzung diente.

In unserer Kultur gibt es ausschließlich die monogame Ehe; nach Ford und Beach ist Monogamie aber nur bei 29 von 185 erfaßten Kulturen vorgeschrieben. Viel häufiger ist Polygynie oder »Vielweiberei«, seltener Polyandrie oder »Vielmännerei«. Die häufigste Regelung, die Vielweiberei, die auch bei unseren nächsten Verwandten im Tierreich, den Affen, dominiert, versagt beim Menschen oft – nicht zuletzt aus ökonomischen Gründen: Nur selten kann sich ein Mann mehrere Frauen leisten. Zum sexuellen Vergnügen kommen stets hohe wirtschaftliche Beanspruchungen hinzu, abgesehen von dem zu erwartenden Aufstand der leer ausgehenden Mehrheit der Männer. So bliebPolygynie bei uns und verwandten Kulturen auf einzelne Privilegierte beschränkt (Fürstenhöfe, Harem etc.). Einige Kulturen erlauben Liebschaften neben der Ehe, also rein sexuelle Paarbeziehungen mit fehlender oder geringer wirtschaftlicher Verantwortung füreinander.

Eheliche Sexualität wird sehr unterschiedlich erlebt und bewertet: In den USA (Bell, S. 112) sind z. B. in Arbeiterehen nur oder immerhin 30% der

Frauen voll zufrieden; 40% im großen und ganzen. Unzufriedenheit mit der ehelichen Sexualität bei Frauen ist ein Phänomen, das sich vor der zunehmenden Aufklärung und Emanzipation kaum aufdrängte. Die Frauen wußten mehrheitlich nichts von der weiblichen Orgasmusfähigkeit. Sexuelle Unzufriedenheit war insofern ein männliches »Privileg«. Eine interessante quasi-biologische Stütze haben jene, welche die Lustaspekte weiblicher Sexualität vernachlässigen wollen, ins Feld führen können: Es ist fraglich, ob es bei weiblichen Tieren Orgasmen gibt. Die Doppelmoral hat einen weiteren biologisch-anatomischen Aufhänger: nicht einmal bei unseren nächsten Verwandten im Tierreich, den Affen, gibt es eine Entsprechung zum Hymen.

Bei der Beurteilung der ehelichen Sexualität dürfte die Orgasmusfähigkeit der Frau eine große Rolle spielen. Sie ist erlernbar; nach Kinsey et al. erlebten Frauen im ersten Ehejahr nur bei 63% der ehelichen Kontakte einen Orgasmus, im 20. Ehejahr dagegen bei 85%. Je höher die Bildung, desto mehr Orgasmusfähigkeit ist bei Frauen anzutreffen; voreheliches Petting fördert diese. Im Extrem scheint sogar eine bloße Aufklärung sich positiv auszuwirken (Ford und Beach, S. 210).

Sowohl innerhalb wie außerhalb der Ehe haben sich im Verlauf der »Sexwelle« die Verhaltens- und Erlebensweisen geändert. Hunt berichtet von gestiegenen Orgasmuszahlen zumal bei Frauen, von vermehrten Technik-Variationen, von vermehrtem oral-genitalem Kontakt. Frauen geben zunehmend an, von pornographischem Material erregt zu werden; zu Kinseys Zeit mußten die Frauen (mangels Erfahrungen?) entsprechende Fragen verneinen. Die Normen haben sich nach 1960 deutlich liberalisiert; die Doppelmoral hat weniger Anhänger, vorehelicher Geschlechtsverkehr wird mehrheitlich für beide Geschlechter akzeptiert.

Einige noch feststellbare Unterschiede zwischen den Geschlechtern im Sexualverhalten und -erleben: Die Neigung zum Partnerwechsel ist bei Männern stärker feststellbar als bei Frauen; ausgesprochene Promiskuität – also häufiger Wechsel ohne Zuneigung – ist aber auf eine extreme Minderheit beschränkt.

Was empirische Arbeiten über das Sexualverhalten Erwachsener aufdeckten, war für die herrschende Moral ein schwerer Schlag. Dem vorehelichen Koitus wird dabei allgemein das größte Augenmerk gewidmet; der außereheliche bzw. nacheheliche fällt anteilsmäßig etwas weniger ins Gewicht. Die Veröffentlichungen über Sexualität haben wahrscheinlich zu den in den letzten Jahrzehnten zu beobachtenden Normveränderungen beigetragen (sog. normative Kraft des Faktischen). Um es anders zu sagen: Was »normal« im statistischen Sinne ist, also gehäuft auftritt, hat allmählich den Charakter von Erwartetem oder Vorgeschriebenem, von Normerfüllung angenommen. Ein Trend zu größerer sexueller Freizügigkeit ist gegenwärtig unverkennbar, zugleich ein Trend zur Angleichung der Normen beider Geschlechter und ein Trend zur Angleichung des Verhaltens beider Geschlechter, zugleich ein Trend zur Angleichung zwischen verschiedenen

Kulturen und ein Trend zur höheren Übereinstimmung zwischen Einstellungen und Verhalten (s. Christensen 1971). Von einem mehr konservativen Standpunkt aus betrachtet, stellt sich die Normänderung negativ als Normzerfall dar, als moralischer Verfall in der jüngeren Generation, wie er schon von Sokrates und Goethe – z. T. ironisierend – beklagt worden ist. Christensen gelingt eine empirisch begründete Stellungnahme gegen die Überforderung des Menschen durch restriktive Normen; diese haben destruktive Wirkungen: es kommt relativ häufig zum Normbruch; der Normbrüchige wird leicht abgestempelt und in eine Außenseiterrolle gedrängt, was weitere – andersartige – Normbrüche wahrscheinlich macht (s. auch die Theorie des »labeling approach«).[53] Im Sexuellen stellen Normbrüche vielfach eine erhebliche Quelle von beeinträchtigenden, quälenden Schuldgefühlen dar; ferner kommt es bei den Mormonen zu relativ gehäufter Gewaltanwendung beim Koitus, zu rücksichtslosem Koitus ohne Verhütungsmittel, zur Kinderzeugung als Ehegrund usw., wohl auch zu vermehrter Heimlichtuerei und zu mangelndem Vertrauen zwischen Heranwachsenden und ihren Eltern.

Im Leben der Erwachsenen spielt neben dem vorehelichen auch der außereheliche Koitus in der Normgebung eine besondere Rolle. Er ist einem fast noch stärkeren Verbot ausgesetzt. Der sogenannte Ehebruch war für einen Scheidungsprozeß immer eine hinreichende Grundlage. So wenig wie sich Masturbation und vorehelicher Koitus durch die Normen unterdrükken lassen, so wenig ist das beim außerehelichen Koitus der Fall. Nach Kinsey et al. haben von den 40jährigen Männern die Hälfte, von den Frauen ein Viertel entsprechende Erfahrungen. Wahrscheinlich sind diese Zahlen, da hohe Sanktionen auf dem Verhalten stehen, untertrieben. Die nacheheliche Sexualität, also jene der Verwitweten und Geschiedenen, soll bei der Sexualität des älteren Menschen thematisiert werden.

Kinsey et al. haben mit ihren Aussagen über die hohe Verbreitung *homosexuellen* Verhaltens besonders aufgeschreckt. Ein Drittel aller Männer soll seit der Pubertät physische homosexuelle Erlebnisse mit Orgasmus gehabt haben (S. 600) und ca. 13% der Frauen. 4% der Männer sollen ausschließlich homosexuell sein, max. 3% der Frauen. Einige dieser Zahlen müssen wohl wegen vorhandener Stichprobenfehler als überhöht angesehen werden. Hunt kommt nur bei einem Viertel der Männer zu – meist vereinzelten – homosexuellen Erfahrungen.

Homosexuelles Verhalten wird nach Ford und Beach bei der Mehrheit aller Kulturen positiver gesehen als bei uns. Bekannt sind die z. T. unbefangen anmutenden Erwähnungen in der klassischen antiken Literatur. Neben heterosexuellem Verhalten mit Ehefrau und Hetäre leistete sich der männliche Angehörige der führenden Schichten auch die körperliche Liebe zu Knaben.

Es gibt Kulturen, die von allen Männern homosexuelles Verhalten erwarten (z. B. Siwa, s. S. 141 bei Ford und Beach). Der von Ford und Beach vorgenommene Blick aufs Tierreich macht deutlich, daß auch dort beim männlichen Geschlecht Homosexualität verbreitet ist, beim weiblichen sehr viel weniger.

Kinsey hat konsequenterweise vorgeschlagen, Homo- und Heterosexualität nicht als zwei sich ausschließende Kategorien, sondern als Endpunkte einer Dimension zu betrachten. Daß er für die Dimension eine Skala mit 6 Stufen vorschlägt, ist willkürlich (s. Abb. 1 und 2).

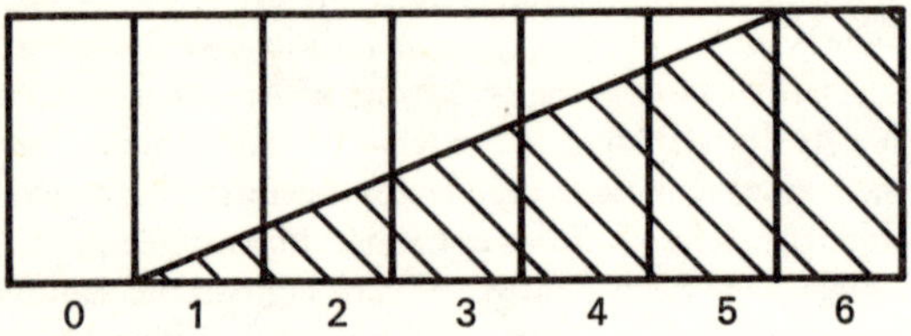

0 = ausschließlich heterosexuell
1 = vorwiegend heterosexuell
.
3 = Hetero- und Homosexualität gleich
:
6 = ausschließlich homosexuell

Abb. 2: »Stufen« hetero/homosexuellen Verhaltens nach Kinsey et al. (s. auch Abb. 1)

Wichtig ist nur, daß man zwischen ausschließlich heterosexuellen Menschen auf der einen und ausschließlich homosexuellen Menschen auf der anderen Seite unterscheidet, mit allen möglichen Mischformen dazwischen. Vielleicht ist Bisexualität die Grundform des Menschen. In der Wissenschaft wird Bisexualität aber relativ selten diskutiert. Bisexualität bedeutet: Homo- und Heterosexualität schließen einander nicht aus, wie etwa viele Juristen dachten, als Homosexualität unter Männern noch strafbar war: konnte ein Mann heterosexuelle Kontakte nachweisen, wurde der Homosexualitätsverdacht stark reduziert. Die Grundausrichtung der überwiegenden Mehrheit ist eindeutig heterosexuell (s. Kap. 5.7).

Ein Wort noch zu vielfach betonten *Schicht-* und *Religions*einflüssen: Sexualverhalten erweist sich in unserer Kultur als schichtabhängig. Nach Bell ist die Unterschicht gegenüber dem Koitus freizügiger eingestellt als die Mittelschicht, allerdings mit erkennbarer Doppelmoral. Masturbation und Petting wertet die Unterschicht eher ab; sie kommt zeitlich früher zum Koitus, und Koituserfahrungen sind bei den Männern verbreiteter. Bei höherer Bildung (ein wichtiger Indikator für höhere Schicht) pflegt das koitale Vorspiel variationsreicher zu sein; es kommt zu mehr oral-genitalen Kontakten, zu mehr Variationen der Koituspositionen, zu mehr Nacktheit, zu größerem Konsum an erotischer Literatur. Bei Frauen sind nach Fisher die Bildung und der damit zusammenhängende Status die besten Prädiktoren

für Orgasmusfähigkeit. Dem Einfluß religiöser Gebundenheit auf Sexualität sind wir schon mehrfach begegnet. Bei stark religiösen Menschen (christlichen bzw. jüdischen Glaubens) sind sowohl Geschlechtsverkehr als auch Masturbationsraten reduziert, während sonst im allgemeinen Geschlechtsverkehr und Masturbation einander umgekehrt proportional sind (je mehr Geschlechtsverkehr, desto weniger Masturbation). Die Tabuierung der Sexualität durch einige große Religionen ist weiterhin stark.
Für die psychoanalytische Theorie der *Sublimierung* von Sexualtendenzen, welche besondere kulturelle Leistungen bei sexueller Enthaltsamkeit erwarten läßt, liegen keinerlei empirische Belege vor. Gewiß möchte man als Beleg die Mönche des frühen Mittelalters nehmen, denen aber ein Bildungsprivileg zugute kam; d. h. sie leisteten kulturell wertvolle Arbeit, weil nur sie entsprechend ausgebildet waren, nicht weil sie sexuell abstinent lebten. Für spätere Jahrhunderte kann Mönchen keine überragende kulturprägende Bedeutung mehr zugesprochen werden. Produktivität setzt wohl weniger sexuelle Enthaltsamkeit als vielmehr Ausgeglichenheit und Befriedigung voraus.

6.6 Sexualität älterer Menschen

Die Sexualität älterer Menschen steht in der Diskussion der letzten Jahre zunehmend in einem Mittelpunkt des Interesses. Das liegt an einer Gesamtänderung der Sexualmoral; niemand will sich mehr – auch der ältere Mensch nicht – irrationale Vorschriften machen lassen. Die jetzige ältere Generation hat sich in ihrer Jugend von den schwersten Fesseln befreit: es ist ungefähr die Generation der bei Kinsey 20 bis 40jährigen. Hinzu kommt, daß die Lebenserwartungen immer mehr steigen, also Menschen in größerer Zahl ein höheres Alter erreichen als je zuvor in der Geschichte. Nicht zuletzt spielt aber auch die beträchtliche Freizeit älterer Leute eine Rolle.
Nach verbreitetem Vorurteil haben ältere Menschen keine Sexualität mehr. Eine mögliche Erklärung: Da ältere Frauen nicht mehr zur Fortpflanzung des Menschen direkt beitragen können, hat man sie und ihre etwa gleichaltrigen Ehepartner »entsexualisiert«.
Wen rechnen wir zu den älteren Menschen? Wir können subjektive oder objektive Altersangaben benutzen. Eine objektive Grenze ziehen wir, wenn wir alle über 50jährigen dazurechnen; bei den Frauen gibt es etwa in diesem Alter einen biologischen Einschnitt, das Klimakterium, für das es beim Mann – allen anders lautenden Aussagen zum Trotz – kein wirkliches Pendant gibt. Eine subjektive Altersabgrenzung läßt Tümmers (1976) gelten: Alt ist, wer sich alt fühlt. Beide Vorgehensweisen sind sinnvoll; besonderes Augenmerk dürften jene Menschen verdienen, die objektiv eher noch zu den Leuten im »besten« Alter gerechnet werden, sich aber subjektiv bereits alt fühlen und umgekehrt.

Mit zunehmendem Alter gibt es kein naturgegebenes Erlöschen der Sexualität, wohl aber eine Reduzierung[54], mit der körperliche Veränderungen einhergehen.
Ältere Menschen produzieren weniger Hormone; bei Frauen kommt es im allgemeinen zu Veränderungen in den primären und sekundären Geschlechtsorganen, z. B. wird die Vagina enger und kürzer, die Lubrikation läßt nach; gelegentlich kommt es zu Schmerzempfindungen beim Koitus. Es ist aber wahrscheinlich, daß einige dieser Veränderungen eine Folge mangelnder sexueller Betätigung sind. Bei regelmäßigem Geschlechtsverkehr unterbleiben die Beschwerden und Rückbildungen vielfach (Masters und Johnson). Hormontherapien können viele Beschwerden lindern. Die Intensität der sexuellen Reaktion wird in allen vier Phasen als reduziert beschrieben. Es fehlen noch differenziertere Angaben über die Variabilität und deren Begründung.
Die Menopause, d. h. das endgültige Ausbleiben der Regelblutungen, tritt im allgemeinen zwischen dem 45. und 50. Lebensjahr ein. Unregelmäßig eintretende Blutungen gehen ihr vorweg und kündigen die sog. Wechseljahre, das Klimakterium an. In unserer Kultur gilt das Klimakterium wie die Pubertät als Krisenzeit. Viele Frauen leiden an Kopfschmerzen, Schwindelgefühlen, Hitzewallungen etc. Depressive Stimmungen sind gehäuft. Es gibt Hinweise dafür, daß diese Störungen wenigstens teilweise psychogener Art sind, »denn beinahe ein Viertel der Frauen erleben ein symptomloses Klimakterium« (Tümmers, S. 14). Der Verlust der bei uns in besonderer Weise definierten und hochbewerteten »Jugendlichkeit« bzw. Attraktivität spielt bei den Depressionen vermutlich eine Rolle. Das Ende der weiblichen Fruchtbarkeit wurde wahrscheinlich von der Mehrzahl der Frauen bislang ambivalent erlebt: einerseits ist nun bei sexuell aktiven Frauen keine Schwangerschaft mehr zu befürchten; andererseits wird die Tatsache, nicht mehr fortpflanzungsfähig zu sein, auch als Inkompetenz erlebt. Diese Inkompetenz zur Fortpflanzung wird leicht zur allgemeinen sexuellen Inkompetenz übergeneralisiert; so werden im Klimakterium relativ viele Frauen sexuell inaktiv; viele Frauen lehnen mit steigendem Alter Sexualität als ihnen angemessenes Verhalten immer mehr ab. Besonders deutlich wird diese Einstellung ab 70. Frauen internalisieren die gesellschaftlichen Vorstellungen vom asexuellen alten Menschen stärker als gleichaltrige Männer. Beim Mann sind die körperlichen Veränderungen weniger deutlich, doch werden die Reaktionen in der Intensität ähnlich reduziert bzw. verlangsamt. Während die Ejaculatio praecox (Kap. 8.3.1) eher ein Zeichen von Jugendlichkeit ist und als Störung im Alter zurückgeht, nimmt die Impotenz langsam zu; die allgemeine Gesundheit ist anfälliger geworden, doch bleibt die Potenz in einem Ausmaß erhalten, daß allem zwanghaften Gerede von Impotenz im Alter widersprochen werden muß; andernfalls unterliegt ein nicht näher zu bestimmender Prozentsatz älterer Männer einer sogenannten Sich-selbst-erfüllenden-Prophezeiung: Man erwartet Impotenz, befürchtet sie, erlebt sie einmal, fühlt sich ge-

schockt und erlebt sie dann dauernd. Der älter werdende Mensch tut gut daran, sich bewußt zu machen, daß sich seine sexuellen Kräfte und Interessen gegenüber der Jugend etwas vermindern, daß sie aber bei fortlaufender Übung nicht zum Erlöschen kommen. Ein Vergleich mit sportlichen Leistungen, etwa mit dem Schwimmen, erscheint angebracht. Die von Kinsey et al. untersuchten Männer von 70 Jahren, die wohl alle mehr oder weniger unter der Erwartung zunehmender Entsexualisierung lebten, waren zu 27% impotent; das ist weniger, als nach dem gängigen Vorurteil zu erwarten ist. Mit etwa 75 Jahren steigt die Zahl der Impotenten stark an: auf 55%; mit 80 Jahren schildern sich 75% als impotent.
Nachehelicher Sexualität kommt beim älteren Menschen ein höherer Stellenwert zu, insofern als Verwitwete und Geschiedene oder getrennt Lebende einen zunehmenden Anteil ausmachen. Oftmals wird älteren Menschen plötzlich durch Krankheit oder Tod der gewohnte Sexualpartner entzogen. Während junge Männer nach Beendigung einer Ehe vielfach versuchen, ihre sexuellen Aktivitäten voll beizubehalten, so daß nach Kinsey et al. ihre Aktivität die der ledig gebliebenen gleichaltrigen Männer übertrifft, läßt die Aktivität bei älteren Männern nach Beendigung einer Ehe deutlich nach. Sie entsprechen damit den Erwartungen der Umwelt ziemlich genau. In verstärktem Maß gilt das – wie schon angedeutet – für die Frauen.

7 Sozialpsychologische Aspekte der Sexualität

7.1 Einstellungen (Attitüden)

Mit dem Begriff »Einstellung« umschreibt man im allgemeinen eine »kognitiv-affektive Bereitschaft«, sich gegenüber bestimmten Reizen in bestimmter Weise zu verhalten (Graumann 1965, S. 273) und meint eine »relativ dauerhafte Handlungstendenz«, welche sich als widerstandsfähig gegenüber Veränderungen erweist (Arnold et al. 1976, S. 447).
Einstellungen können nicht direkt beobachtet werden. Sie lassen sich in der Regel am besten aus verbalen Stellungnahmen erschließen. Von Wissenschaftlern werden entweder Fragebogen benutzt, welche Meinungsäußerungen enthalten (wobei zur Beantwortung ein bestimmter Wert zwischen Zustimmung und Ablehnung angekreuzt werden muß) oder Methoden, welche relevante Begriffe von den Befragten bewerten lassen. Bekannte Fragebogen sind die F (Faschismus)-Skala von Adorno et al. (1950) und die Dogmatismus-Skala von Rokeach (1960); die Konservatismus-Skala von Wilson und Patterson (1968) und das semantische Differential[55] von Osgood et al. (1957) sind Methoden der zweiten Art.
Wesentlich ist die enge Verknüpfung von Einstellungen mit Normen und Werten (vgl. Kap. 2). Diese bedingt die inter- und intraindividuelle Variabilität von Einstellungen mit.

7.1.1 Einstellungen zur Sexualität

Arbeiten über Einstellungen zur Sexualität sind in größerer Zahl veröffentlicht worden; es sollen an dieser Stelle jedoch beispielhaft nur einige Ergebnisse zweier Untersuchungen berücksichtigt werden. Christensen (1971) verglich drei Kulturbereiche: 1. die hauptsächlich mormonische Population im Westen der USA, welche in ihren Grundzügen »stark restriktiv« ist, 2. eine Population aus dem Mittelwesten der USA mit »gemäßigt restriktiven« Grundzügen und 3. eine eher »freizügige« in Dänemark. Die zugrundeliegenden Daten wurden durch Fragebogenuntersuchungen an Studenten im Jahre 1958 und 1968 gewonnen (vgl. auch Kap. 5).
Schmidt und Sigusch (1970) verglichen 1968/69 erhobene Daten von westdeutschen männlichen und weiblichen Arbeitern mit 1966 erhobenen Daten westdeutscher Studenten und Studentinnen.
Es wurden jeweils u. a. sexuelle Verhaltensweisen und Einstellungen zur Sexualität erfragt.
Von Christensen wurden Einstellungen zu verschiedenen Bereichen *vorehelicher* Sexualität erhoben. Zu jedem Bereich wurden Sätze mit Behauptungscharakter vorgegeben. Es gab vier mögliche Antwortkategorien, von eindeutiger Zustimmung bis zu eindeutiger Ablehnung. Ganz allgemein

kann vorab gesagt werden, daß im verglichenen Zeitraum eine Liberalisierung der Einstellungen zur Sexualität, besonders bei den Frauen, deutlich wird.
Die Befragung der Männer nach der Einstellung zur Virginität ergab, daß acht Zehntel der Mormonen lieber eine noch nicht koituserfahrene Partnerin heiraten wollten, von der Population im Mittelwesten etwa drei Viertel und in Dänemark etwa 8%. Bei der Population im Westen und Mittelwesten der USA waren jeweils mehr Frauen als Männer bereit, einen koituserfahrenen Partner zu heiraten; bei den Dänen war der Prozentsatz für beide Geschlechter gleich. Es zeigte sich jedoch als eindeutiger Trend, »daß sich nämlich der Wunsch nach einem koitusunerfahrenen Partner mit zunehmender Freizügigkeit in der jeweiligen Gesellschaft verliert« (Christensen 1971, S. 39).
Für männliche Befragte ergaben die Daten, daß 100% der Dänen, 55% der Mittelwest-Population und ca. 40% der Mormonen voreheliche Koitusbeziehungen billigen. Außer Däninnen, welche ebenfalls zu 100% voreheliche Koitusbeziehungen billigen, vertraten dazu die befragten Frauen der anderen Kulturen restriktivere Einstellungen. Auch hier ließ sich als Trend nachweisen: je freizügiger insgesamt ein Kulturbereich ist, desto eher wird vorehelicher Koitus gebilligt; dieser Trend gilt für beide Geschlechter gleichermaßen.
Die 1968 erhobenen Daten von Christensen lassen keine eindeutige Aussage über die Verbreitung von Einstellungen vom Typ der Doppelmoral[56] zu. Ganz generell gilt jedoch, »daß die große Mehrheit der Befragten eine Sexualmoral nach dem Gleichheitsprinzip für richtig hält« (Christensen 1971, S. 51). Der Trend zur Gleichheit ist um so häufiger, je intensiver die persönliche Beziehung der Partner ist, und er ist in freizügigen Gesellschaften besonders verbreitet.
Die Untersuchung von Schmidt und Sigusch ergab, daß etwas weniger als 100% der Arbeiter und Arbeiterinnen und ca. 90% der männlichen und weiblichen Studenten voreheliche Koitusbeziehungen billigen. Restriktive Einstellungen, welche vorehelichen Koitus sowohl für Männer als auch für Frauen unter allen Umständen ablehnen, sind nur bei einer kleinen Minderheit (1–10%) zu finden. Die überwiegende Mehrheit der männlichen und weiblichen Befragten beider Schichtgruppen, ca. 4/5 der Arbeiter und 3/4 der Studenten, halten voreheliche Koitusbeziehungen für Männer und Frauen gleichermaßen für zulässig. Die Mehrheit der Arbeiter, insbesondere der Arbeiterinnen, plädieren für eine »Freizügigkeit bei Liebe«; bei Studentinnen und Studenten ist dies ebenfalls ein weitverbreiteter Einstellungsmodus (vgl. dazu Giese und Schmidt 1968). Vertreter einer orthodoxen Doppelmoral[57] waren kaum noch zu finden. Lediglich ein bis zwei Zehntel der Befragten vertraten die Einstellung, daß voreheliche Koitusbeziehungen für Männer in jedem Fall zu billigen seien, für Frauen aber nur unter bestimmten Umständen, z. B. bei einer Liebesbeziehung (transitionale Doppelmoral).[58]

Fragen nach Einstellungen zum *außerehelichen* Koitus ergaben für Arbeiter, Studenten und Studentinnen ähnliche Einstellungsmuster: »Jeweils etwas mehr als die Hälfte lehnt außereheliche Koitusbeziehungen für beide Geschlechter gleichermaßen ab; jeweils ungefähr ein Drittel akzeptiert zumindest unter bestimmten Umständen für beide Geschlechter derartige Beziehungen« (Schmidt und Sigusch 1970, S. 114).
Im Gegensatz zu den vertretenen Einstellungen zu *vor*ehelichen Koitusbeziehungen wurde hier eher eine orthodoxe Doppelmoral (8–16%) vertreten als eine transitionale (1–2%).
Arbeiterinnen vertreten die restriktivsten Einstellungen; drei Viertel lehnen außereheliche Koitusbeziehungen für beide Geschlechter gleichermaßen grundsätzlich ab, lediglich ca. 20% billigen solche zumindest unter bestimmten Umständen und 6% vertreten eine orthodoxe Doppelmoral.
Außereheliche Koitusbeziehungen werden demnach von Arbeitern und Studenten beiderlei Geschlechts sehr viel restriktiver beurteilt als voreheliche. »›Eheliche Treue‹ – und damit ist wohl letztlich die Stabilität der Ehe gemeint – wird demnach besonders hoch bewertet« (Schmidt und Sigusch 1970, S. 115; vgl. auch Reiss 1970, Christensen 1971).

7.1.2 Einstellungs- und Verhaltensdiskrepanzen

Es geht hier um die Relation zwischen Einstellung und realem Sexualverhalten, welche sich keineswegs einheitlich gestaltet. So verglich Christensen die von ihm erhobenen Einstellungsmuster mit dem tatsächlichen Verhalten, um Rückschlüsse auf die Einstellungs-Verhaltens-Diskrepanzen ziehen zu können. Diese Relation ermittelte er für Männer und Frauen in den drei genannten Kulturen und er verglich die jeweiligen Daten von 1958 und 1968. Dabei stellte er fest, daß die Diskrepanzen zwischen Einstellungen und Verhalten mit der Restriktivität der sexuellen Normen zusammenhängen: Bei Mormonen ist diese Diskrepanz größer als bei Dänen, bei Frauen größer als bei Männern, 1958 größer als 1968. D. h.: relativ wenige Mormonen billigen sexuelle Erfahrungen, aber relativ viele haben sie! Bei Dänen ist es umgekehrt usw. Christensens Untersuchungen ergaben darüberhinaus für das Jahrzehnt von 1958 bis 1968 zwei sich abzeichnende Entwicklungstrends:
1. bei beiden Geschlechtern und in allen drei untersuchten Kulturbereichen gibt es einen Trend zu größerer Freizügigkeit, sowohl in den Einstellungen als auch im Verhalten;
2. gibt es einen Trend zu stärkerer *Angleichung* von Einstellungen und Verhalten im Hinblick auf Geschlechts- und Kulturunterschiede.

»Der Trend zu größerer Freizügigkeit bedingt die Nivellierung geschlechts- und kulturspezifischer Unterschiede« (Christensen 1971, S. 125).
Es wurde bereits an anderer Stelle auf die verhaltenssteuernde Wirkung von Normen (vgl. Kap. 2) und deren enge Beziehung zu Einstellungen hinge-

wiesen. Christensen (S. 141 ff.) konnte feststellen, »daß sich restriktive Normen im allgemeinen in restriktiven Einstellungen und restriktiven Verhaltensmustern niederschlagen«. Die Diskrepanz zwischen Einstellungs- und Verhaltensmustern ist in Kulturen mit restriktiven Sexualnormen am stärksten und negative Konsequenzen sind für die, welche sich nicht konform verhalten, dort am häufigsten.
So wurde für die Mormonen festgestellt, daß das erste Koituserlebnis häufig von Schuldgefühlen und Bedauern begleitet war, relativ häufig unter Gewaltanwendung stattfand und Alkoholgenuß eine größere, Empfängnisverhütung beim ersten Koitus eine geringere Rolle spielt als in den Vergleichsgruppen.
Diese Verhaltensmuster dürften zwar kaum wünschenswert sein, dennoch treten sie in restriktiven Kulturen relativ häufig auf. »Es scheint sich hier um *destruktive Nebenwirkungen restriktiver Normen zu handeln*« (ebenda, S. 141).
Diese Ergebnisse legen die Vermutung nahe, daß Diskrepanzen zwischen Einstellung und Verhalten negative Folgen mit sich bringen können, sofern die Einstellungen strenger sind. Dies gilt besonders mit Bezug auf Sexualität, in deren Bereich das tatsächliche Verhalten relativ häufig die Normen überschreitet (Schmidt 1971).

7.2 Rollen

Seit einiger Zeit gewinnt die Auseinandersetzung mit Rollen, speziell mit der Geschlechtsrolle an Bedeutung und Aktualität. Dies mag zum Teil auf die Frauenbewegung zurückzuführen sein, deren Forderungen nach Gleichberechtigung immer mehr Beachtung finden. Zum anderen sind durch gewisse Liberalisierungstendenzen in den Moralvorstellungen unserer Gesellschaft einige festgefügte Werte ins Wanken geraten. Die Institutionen der Ehe und Familie, »übliche« Erziehungsmaßnahmen etc. werden in Frage gestellt, und nicht zuletzt durch die Kinsey-Reports begannen verstärkte Forschungsarbeiten auf dem Gebiet der menschlichen Sexualität. Diese Forschungsarbeiten erbrachten teilweise Ergebnisse, welche bis dahin allgemein akzeptierte Vorstellungen vom »Wesen« und Verhalten *der* Frau und *des* Mannes fraglich erscheinen lassen.[59]
Bei der Geschlechtsrollenproblematik haben wir es nun mit einem Bereich zu tun, in welchem sich sehr unterschiedliche und widersprechende Positionen gegenüberstehen.

7.2.1 Klärung des Begriffs »Rolle«

Der Begriff der Rolle ist besonders in der Soziologie und in seinem spezifischen Sinn als soziale Rolle in der Sozialpsychologie zentral. Er wird einerseits in verwirrend vielfältiger Weise definiert, andererseits oft auch ohne explizite Definition verwendet.

Bevor hier eine Umschreibung des Rollenbegriffs versucht werden kann, müssen zunächst einige andere Begriffe, welche in der rollentheoretischen Terminologie wichtig sind, geklärt werden: in älteren Arbeiten wurden mit der Bezeichnung »Rolle« die unterschiedlichsten Sachverhalte belegt: eine Funktion in einer Gesellschaft, das Verhalten in einer solchen Funktion, Erwartungen des Inhabers einer Funktion und Erwartungen der Umwelt an den Funktionsinhaber, bezogen auf seine Rechte und Pflichten. Dieses sehr weitgefaßte Verständnis des Rollenbegriffs hat sich als unzweckmäßig erwiesen. Es ist heute weitgehend üblich, den »objektivierbaren Teil« auszuklammern und als *Position* zu bezeichnen. Eine Position ist dann ein Ort in einem Gefüge sozialer Beziehungen (Sader 1969, S. 209) oder ein Schnittpunkt sozialer Beziehungen im gesellschaftlichen Beziehungsgefüge (Dreitzel 1968, S. 106).

In diesem Sinne gibt es beispielsweise die Position einer verheirateten Frau, einer Lehrerin in einer Klasse, eines Vaters von Kindern usw. Zu jeder dieser sozialen Positionen gehört eine soziale *Rolle*, welche dann als *»Satz von Erwartungen«* (Sader 1969, S. 209), die sich auf Positionsinhaber beziehen, beschrieben werden kann.

Jedes Individuum ist nicht nur an *eine* Position gebunden, sondern Inhaber mehrerer Positionen und damit auch »Spieler« mehrerer Rollen. Weiter ist zu beachten, daß eine soziale Position nicht isoliert zu betrachten ist, sondern »in einem Feld sozialer Beziehungen mit anderen Positionen verbunden ist« (Dreitzel 1968, S. 107). Soziale Rollen sind auch als Ausdruck sozialer Beziehungen zu anderen Positionsinhabern zu sehen; »die Erwartungen des einen beziehen sich auf das Verhalten des anderen und umgekehrt« (Dreitzel ebenda). Erwartungen sind in der Rollentheorie als normative Aussagen zu verstehen, welche sich auf bestimmte Positionen oder Klassen von Positionen beziehen und auf das Verhalten und die Eigenschaften des Einzelnen in einer solchen Position gerichtet sind. Wie schon deutlich gemacht wurde (vgl. Kap. 2), handelt es sich hier im allgemeinen nicht um feste Vorschriften für Verhalten und Eigenschaften, sondern um »eine Spielbreite«, um einem »mehr oder weniger breiten Verhaltensraum mit Toleranzgrenzen« (Sader 1969, S. 213). Die Erwartungen stellen hier ein Bezugssystem für Verhalten und Eigenschaften dar und werden zumeist erst dann deutlich, wenn das Verhalten und (oder) die Eigenschaften eines Positionsinhabers diesen nicht entsprechen.

»Rolle« kann demnach als das Gesamt von Erwartungen an den Inhaber einer Position oder einer Klasse von Positionen umschrieben werden.

7.2.2 Geschlechtsidentität und Geschlechtsrolle

Unter Geschlechtsidentität (gender identity) versteht man das Wissen um das eigene Geschlecht, d. h. die Selbstwahrnehmung als männlich, weiblich bzw. als ambivalent (Ehmann 1976, Money und Ehrhardt 1975).

Im Sinne der obigen Umschreibung des Begriffs »Rolle« kann die Ge-

schlechtsidentität als eine Position betrachtet werden, welche ein Individuum innehat bzw. ihr »gestattet« oder zugestanden wird.
Nach Money und Ehrhardt vollzieht sich die Differenzierung der Geschlechtsidentität in einem langen komplizierten Prozeß allmählich. An ihm sind Geschlechtschromosomen, pränatale Hormone, Pubertätshormone und psychosoziale Einflüsse beteiligt. Wie stark jedoch jeweils die biologischen und psychosozialen Einflüsse sind, ist derzeit noch unklar und strittig.
Unter Geschlechtsrolle (gender role) versteht man all das, »was jemand sagt und tut, um anderen und sich selbst zu zeigen, daß er bzw. sie männlich, weiblich oder ambivalent ist« (Money und Ehrhardt 1975, S. 16).
Wiederum im Sinne der obigen Umschreibung kann Geschlechtsrolle als Gesamt von Erwartungen bezeichnet werden, welche durch die Position teilweise definiert sind und die sowohl von anderen Personen als auch von der Person in der Position selbst gestellt werden. Bei der Rede von Geschlechtsidentität und -rolle im sozialen und psychosozialen Bereich muß darauf hingewiesen werden, daß eine dichotome Einteilung in männlich/weiblich eigentlich nicht aufrecht zu erhalten ist.[60]
Was beim Mann als männlich und bei der Frau als weiblich angesehen wird, unterliegt sozialen und epochaltypischen Einflüssen; durch die Hinzunahme der vom rein Körperlichen abgehobenen Kriterien (Umwelt, Erfahrung usw.) potenzieren sich die Mannigfaltigkeiten (Ehmann 1976, S. 36).

7.2.3 Entstehung geschlechtstypischer Verhaltensweisen

Der Ansatz, nach dem die Differenzierung in männliche und weibliche Erlebnis- und Verhaltensweisen vorwiegend biologisch-genetisch bedingt sei, hat sich in den letzten Jahren zunehmend relativiert. Heute kann als erwiesen angesehen werden, daß die Herausbildung von primär als männlich bzw. primär als weiblich angesehenen Verhaltensweisen größtenteils auf Sozialisationsprozesse zurückzuführen ist. Dieser Prozeß der Ausbildung »typisch weiblicher« und »typisch männlicher« Verhaltensweisen wird auch als »sex-typing« bezeichnet.
Die Entstehung geschlechtstypischer Verhaltensweisen versuchen verschiedene Theorieansätze zu erklären, wobei inhaltliche Aspekte unberücksichtigt bleiben.

7.2.3.1 Lerntheoretische Ansätze

Nach diesen Ansätzen können (auch) bei der Übernahme geschlechtsspezifischer Verhaltensweisen die Grundannahmen der Lerntheorien angewendet werden:
Es wird angenommen, daß durch andere Personen, zumeist durch die Eltern, bestimmte Verhaltensweisen des Kindes belohnt oder bestraft werden und damit die Wahrscheinlichkeit weiteren Auftretens solcher Verhaltensweisen vergrößert bzw. verringert wird. Lehr (1972, S. 913f.) referiert

einige empirische Befunde, welche die Annahme der Wirksamkeit von Belohnungs-Bestrafungs-Mustern bereits von Geburt an untermauern. Es konnte festgestellt werden, »daß Mütter von Töchtern häufiger nach einem festen Zeitplan ihr Kind ernährten (und somit etwaige ›Eigenwilligkeit‹ des Kindes ›bestraften‹ und unterdrückten), Mütter von Söhnen hingegen die Methode des *free-demand*-feeding[61] häufiger anwandten (und somit ›Eigenwilligkeit‹ belohnten und verstärkten)«. Gleiche Ergebnisse fanden sich hinsichtlich aggressiven Verhaltens: Eltern bekräftigen aggressives und um Durchsetzung bemühtes Verhalten bei Söhnen, bestrafen es hingegen bei Mädchen und belohnen »gehorsames« und »angepaßtes« Verhalten bei Mädchen.

Außer Lernen am Erfolg muß aber auch Lernen am Modell bedacht werden. Bandura meint, geschlechtsspezifisches Handeln werde vorwiegend durch Imitationslernen oder Lernen am Modell herausgebildet; das Kind lernt durch Beobachtung eines »Modells« einzelne Verhaltensweisen und/oder komplexe Verhaltensmuster.

7.2.3.2 Die Theorie der Identifikation

»Der Prozeß der Identifikation wird von vielen Autoren als entscheidend für die Ausprägung geschlechtsspezifischer Verhaltensweisen angesehen« (Lehr 1972, S. 915).

Identifikationstheorien gehen mehr oder weniger auf die psychoanalytische Lehre Freuds zurück. Zentral sind hierbei die Triebschicksale der phallischen Phase, in der sich der Ödipuskomplex ausbildet (diese Schilderung betrifft das männliche Geschlecht; für das weibliche ist die Theorie weniger durchdifferenziert). Der Junge richtet seine sexuellen Triebwünsche auf die Mutter, und sieht sich dabei als Rivalen des Vaters. Seine Wünsche bleiben unerfüllt; zumal vom Vater fühlt sich der Junge bedroht – mit Kastration. Aus dieser angsterfüllten Situation befreit sich der Junge, indem er sich mit dem Vater identifiziert und die sexuellen Wünsche zur Mutter verdrängt. Die Identifikation mit dem Vater ergibt einen (indirekten) »Besitz« der Mutter, zugleich aber auch bedeutet sie die Übernahme wichtiger väterlicher Normen (als Gewissen oder Über-Ich).

Nach Lehr gibt es zahlreiche empirische Studien im Zusammenhang mit der Frage nach der Entstehung geschlechtsspezifischer Verhaltensweisen durch Identifikation; jedoch sind weder deren Ergebnisse eindeutig, noch werden die Beweggründe für die Identifikation genau erfragt; häufig geben sich die Untersucher damit zufrieden, für die Interpretation eines Prozesses als Identifikation einige Hinweise zu haben.

7.2.3.3 Die kognitive Theorie

Diese neuere Theorie wurde von Kohlberg (1974) auf der Grundlage der Arbeiten Jean Piagets entwickelt.

Ausgangspunkt ist die Annahme, daß geschlechtsspezifische Verhaltensweisen allein durch die kognitive Entwicklung, die Strukturierung der kindlichen Wahrnehmung bedingt sei und kognitive Momente[62] deren Ausprägung begünstigen (Lehr 1972, S. 918). Diese Theorie betont »den aktiven Charakter eines Denkens, durch das das Kind seine Wahrnehmungen und sein Erlernen sozialer Rollen aufgrund der fundamentalen Vorstellungen von seinem Körper und seiner Welt organisiert« (Kohlberg 1974, S. 335). Diese fundamentalen Vorstellungen vom eigenen Körper (der kognitiven Selbst-Kategorisierung als »Junge« oder »Mädchen«) sind nach Kohlberg (1974, S. 344) »der kritische und fundamentale organisierende Faktor der Geschlechtsrollen-Attitüden«. Die Geschlechtsidentität resultiere aus einem kognitiven Urteil in der frühen Kindheit; sie sei, sobald getroffen, irreversibel, wird durch die Urteile über die physische Realität aufrechterhalten und ist mit ca. 5 Jahren stabil.

Durch die Selbstkategorisierung seien fundamentale Wertungen determiniert. »Sobald der Knabe sich stabil als männlich kategorisiert hat, wird er jene Objekte und Akte positiv bewerten, die mit seiner Geschlechtsidentität übereinstimmen« (ebenda, S. 344). Kohlberg (S. 345) postuliert in Abgrenzung zur Theorie des sozialen Lernens: »Ich bin ein Junge; daher mörhte ich mich wie ein Junge benehmen; daher ist die Gelegenheit, mich wie ein Junge zu benehmen (und dafür gelobt zu werden), belohnend«. Geschlechtsspezifische Verhaltensweisen wären demnach als Folge dieser Selbst-Kategorisierung zu sehen und diese wiederum sei Folge eines kognitiven Realitätsurteils, also nicht Resultat von Lern- oder Identifikationsvorgängen, sondern deren Ursache. Nachzuweisen wäre, ob die kognitive Entwicklung des Kindes tatsächlich so stark die Entwicklung geschlechtsspezifischer Verhaltensweisen bestimmen kann (Lehr 1972, S. 919). Nach Mussen scheint es fraglich zu sein, ob Kohlberg nicht die Bedeutung von Reinforcement-Phänomenen, von Lern- und Identifikationsvorgängen bei der Geschlechtsrollenprägung unterschätzt habe. Auch Mischel (zit. nach Lehr) hebt die enge Verbindung kognitiver Prozesse zumindest mit Prozessen des Beobachtungslernens hervor. Wir können zusammenfassend ergänzen: wie anders als durch einen Lernprozeß soll ein Kind erfahren, was als »jungenhaft« oder »mädchenhaft« gilt?

Sicher sind in allen hier dargestellten Theorien zur Entstehung geschlechtstypischer Verhaltensweisen richtige Ansätze enthalten; jedoch ist es umstritten, wie weit jede für sich in Anspruch nehmen kann, die Phänomene vollständig und in ihrer ganzen Komplexität zu erfassen und zu erklären.

Wir tun gut daran, die Theorien vorläufig als sich ergänzende zu betrachten. Lehr nennt als einen entscheidenden Mangel aller theoretischen Ansätze, daß intervenierende Variablen und die Interaktionen von den Variablen, welche den Sozialisationsprozeß beeinflussen, keine hinreichende Beachtung finden. »Eine stärkere Berücksichtigung des Zusammenwirkens mehrerer Sozialisationsfaktoren jedoch erst könnte zur Deutung individueller Unterschiede geschlechtsspezifischer Verhaltensprägungen beitragen« (Lehr, 1972, S. 920).

7.2.4 Psychische Geschlechtsunterschiede (Empirische Ergebnisse)

Bei der Suche nach den Determinanten der psychischen Geschlechtsunterschiede stehen sich zwei Positionen gegenüber: die eine sieht sie vorwiegend von Erbfaktoren bestimmt, die andere hält primär Umweltprägungen (verschiedene Sozialisationsprozesse) für verantwortlich. Die Annahme der Umweltbedingtheit psychischer Geschlechtsdifferenzen hat durch die empirische Forschung weitgehend Bestätigung gefunden. Hingegen konnten kaum anlagebedingte Unterschiede gefunden werden.

Wir wollen uns bei den empirischen Ergebnissen[63] nur kurz zwei Bereichen zuwenden: der Intelligenz und der Aggressivität.

Allgemein kann wohl Intelligenz als ein Merkmalskomplex, welcher durch Lernprozesse entwickelt, aber *auch* von genetischen Faktoren mitbestimmt wird, angesehen werden.

Vergleiche der Höhe des Intelligenzquotienten erbrachten kaum Unterschiede zwischen Jungen und Mädchen, weder im Grundschulalter noch in der Altersstufe von 16–18, ebensowenig wie im Erwachsenenalter. Im Bereich der verbalen Fähigkeiten wurden bei Kindern festgestellt, daß Mädchen früher sprechen lernen, sich besser artikulieren und differenziertere Satzkonstruktionen verwenden. Diese größeren Fertigkeiten im verbalen Bereich scheinen einigen Untersuchungen zufolge bis ins Erwachsenenalter hinein bestehen zu bleiben.

Bessere mathematische und analytische Fähigkeiten wurden bei männlichen Personen gefunden, treten jedoch, abgesehen von der räumlichen Vorstellung, erst im zweiten Lebensjahrzehnt deutlich zutage (Lehr 1972, S. 893).

Zusammenfassend läßt sich sagen: im Bereich der allgemeinen Intelligenz bzw. Leistungsfähigkeit wurden früher angenommene Unterschiede kaum einmal bestätigt. Der Grad der Geschlechtsspezifität ist innerhalb der einzelnen intellektuellen Bereiche unterschiedlich stark ausgeprägt (Lehr 1972, S. 896).

Recht erhebliche Geschlechtsdifferenzen zeigen sich in der *Aggressivität.* Die Mehrzahl der Untersuchungen kommt zu dem Ergebnis, »daß das männliche Wesen durch ›Aggressivität‹ – oder auch aktive Durchsetzungsfähigkeit, Eigenständigkeit, Unabhängigkeit und Selbstbehauptung – gekennzeichnet sei, während das weibliche Wesen durch Abhängigkeit, Anpassungs- und Einordnungsbereitschaft zu charakterisieren sei« (Lehr 1972, S. 897). In kaum einer Untersuchung erscheinen weibliche Individuen »aggressiver« als männliche; in einigen wird allerdings von höherer verbaler Aggressivität bei Mädchen berichtet (Lehr 1972, S. 898, vgl. auch Lischke 1972, Janssen-Jurreit 1978, Selg 1974, S. 37f.).

Schon von Kindern werden Männer als aggressiver wahrgenommen als Frauen. »Allerdings wird auch männlichen Personen in stärkerem Maße zugestanden, ihre Aggressionen freimütig zu äußern, während man von weiblichen Personen eine Beherrschung verlangt« (Lehr 1972, S. 899, vgl. auch Janssen-Jurreit 1978).

Es könnte noch eine Vielzahl weiterer Bereiche aufgeführt werden, zu denen Untersuchungen über etwa bestehende geschlechtsspezifische Differenzen gemacht wurden; die Ergebnisse sind jedoch widersprüchlich (vgl. Lehr 1972). Auf der einen Seite deutet diese Tatsache darauf hin, daß vielschichtige Sozialisationsprozesse modifizierend wirken; auf der anderen Seite steht die Widersprüchlichkeit der Ergebnisse im Gegensatz sowohl »zu dem, was Männer und Frauen subjektiv als geschlechtsspezifisch empfinden« als auch zu den »Auffassungen, die in menschlichen Kulturen bisher über die Unterschiede der Geschlechter vorherrschen« (Janssen-Jurreit 1978, S. 499).

Die Frage danach, warum Männer und Frauen sich unterschiedlich verhalten, scheint demnach weniger direkt vom Geschlecht her, als vielmehr von den unterschiedlichen Sozialisationsvariablen her beantwortbar zu sein und von den daraus resultierenden unterschiedlichen Erfahrungen. »Über ›Weibliches‹ und ›Männliches‹ an sich läßt sich nichts Absolutes feststellen« (ebenda, S. 602).

7.3 Erotische Attraktion

Unter der Überschrift »Erotische Attraktion« soll die Frage diskutiert werden: »Wer liebt wen, warum, wann und unter welchen Umständen?« Wir werden allerdings gleich sehen, daß der in diesen Fragen formulierte Anspruch im Rahmen erfahrungswissenschaftlicher Forschung bisher kaum eingelöst wurde und vielleicht auch prinzipiell gar nicht einzulösen ist. Was wir schildern werden, sind Überlegungen und Befunde zu diesem Thema, die sich dem Gegenstand mehr oder weniger nähern. Es ist daher sinnvoll, an den Beginn ein Zitat von Pietropinto und Simenauer (1978, S. 309) zu setzen: »Der Index zu Kinseys 678 Seiten starkem Werk ›Das sexuelle Verhalten des Mannes‹ umfaßt 20 Spalten. Der Begriff ›Liebe‹ ist kein Punkt in diesem Register. Im Index zu Mortons und Hunts Buch ›Sexual Behavior in the 1970's‹ gibt es unter ›L‹ die Eintragung ›Lesbische Liebe‹, ›Lawrence, D. H.‹ und ›Letzter Tango in Paris‹, aber nicht ›Liebe‹. Ganz am Schluß ihres 524 Seiten umfassenden Bandes ›The New Sex Therapy‹ bemerkt Helen Singer-Kaplan: ›Bei der Durchsicht dieses Buches verblüfft mich die auffallende Abwesenheit des Wortes Liebe.‹ Und dennoch ist Liebe der wichtigste Bestandteil des Liebesspiels! Dann beendet Dr. Kaplan ihr Werk mit einer halbseitigen Behandlung der Liebe.«

Man kann die Liebe als eine Extremvariante interpersonaler Attraktivität begreifen. Durch diese Festlegung wird es möglich, doch noch ein wenig wissenschaftlich über Liebe zu sprechen, indem wir uns sozialpsychologischen Theorien der Attraktivität zuwenden, von denen es sehr verschiedenartige gibt. Im Rahmen der Sozialpsychologie wird u. a. gefragt, wie es manchen Menschen gelingt, sich beliebt zu machen. Die Antwort auf diese Frage kann sehr verschieden ausfallen, je nachdem ob wir eine mehr lerntheoretisch orientierte sozialpsychologische Theorie der Untersuchung zugrundelegen oder z. B. eine mehr kognitivistisch orientierte.

Eine der einfachsten Theorien der interpersonalen Attraktion stellt diejenige von Thibaut und Kelley (1952) dar. Kurz zusammengefaßt behauptet sie, daß man denjenigen Menschen mag, der nett zu einem ist. Den Überlegungen von Thibaut und Kelley liegt ein lerntheoretisches Modell zugrunde. Sie sagen sich, daß zwischenmenschliche Beziehungen, die gegenseitige Anziehung oder Abstoßung, von Lernerfahrungen abhängig sind. Wer meine Aktionen, d. h. z. B. Verhaltensweisen oder Ansichten belohnt, den werde ich attraktiv finden, denn er sorgt dafür, daß meine »Bekräftigungsbilanz« positiv bleibt. Wienold (1972, S. 38) faßt die Ergebnisse dieser und anderer Attraktionstheorien, die ihr Augenmerk vor allem auf Empathie und Ähnlichkeit richten, wie folgt zusammen: »Je ähnlicher die Einstellungsstrukturen zweier Personen sind, desto weniger Informationen übereinander bedürfen sie, um zu genauen gegenseitigen Einschätzungen zu gelangen, um so schneller gelangen sie – gemessen an der Zahl der Kontakte – zu genauen Einschätzungen.« Weiter:

»Folgende Einzelschritte führen zu dieser Formulierung:

1. Je ähnlicher die Strukturen zweier Personen sind, um so ähnlicher dürften die Abbildungen aufgrund von Wahrnehmungssamples den eigenen Strukturen sein.
2. Je ähnlicher Abbild und Struktur sind, um so eher wird die eigene Struktur als Modell der anderen verwendet werden.
3. Je zutreffender Ableitungen aus dem Modell sind, um so weniger braucht das Individuum bei gegebenen Informationsstand weitere Informationen.«

Diese Theorien können für sich verbuchen, daß sie auf einfachere, hier Lernprozesse, zurückführbar sind. Sie sind im Rahmen ihrer Voraussagen wissenschaftlich auch recht gut überprüft. Sie vermögen aber viele zwischenmenschliche Erscheinungen nicht zu erklären; so z. B. die Tatsache, daß wir uns oft in einen Menschen verlieben, der entweder gar nicht erreichbar ist oder sich auch ausgesprochen aversiv verhält. Dann mit einem masochistischen Lustgewinn zu argumentieren hieße, diese Theorie völlig unangreifbar zu gestalten und somit zur Nutzlosigkeit zu verurteilen. (Ein solches Argument unterbreiten z. B. Thibaut und Kelley nicht).

Auch unter dem Stichwort »Ingratiation« wurde in neuerer Zeit das »Sich-Verlieben« innerhalb der Sozialpsychologie ansatzweise untersucht. Das Wort »Ingratiation« kann nicht wirklich übersetzt werden, man könnte es mit »Sich-beliebt-machen« umschreiben. Es geht der Ingratiationsforschung darum, die Prozesse zu untersuchen, die dazu führen, daß Attraktion entsteht. Das Stichwort »romantic love« steht in diesem Zusammenhang für eine Extremform interpersonaler Attraktion.

Eines der ersten Experimente zum Stichwort »romantic love« wurde 1965 von Walster (zit. nach Irle 1975, S. 384) durchgeführt. Walster meinte, eine Person mit niedriger Selbsteinschätzung habe ein stärkeres Bedürfnis nach Beachtung durch andere als eine Person mit höherer Selbsteinschätzung; sie benötige in diesem Sinne mehr positive Verstärkung, indem sie für andere attraktiv ist. Um diese Hypothese zu überprüfen, arrangierte Walster ein Experiment, das so angelegt war, daß die Vpn nicht merken konnten, daß sie in einer künstlichen und nicht in einer natürlichen Situation handelten. Recht geschickt nutzte die Autorin soziale Gegebenheiten des amerikanischen Universitätslebens aus. Ein sehr attraktiver Mitarbeiter der Experimentatorin suchte die Bekanntschaft von Studentinnen der Stanford Universität. Er plauderte mit ihnen und lud sie zu einem Tanzabend nach San Franzisco ein. Dann wurde unter einem Vorwand eine klinisch-psychologische Untersuchung durchgeführt. Zum Schluß wurde noch gefragt, welche Attraktivität die Experimentatorin, ein Schullehrer und der attraktive Mitarbeiter der Experimentatorin genossen. Die Autorin konnte nachweisen, daß Vpn mit niedriger Selbsteinschätzung die männliche Person, die sie zu dem Fest eingeladen hatte, mehr mögen als Vpn mit hoher Selbsteinschätzung. Allerdings wurde in diesem Experiment nicht jeder beliebige andere hoch eingeschätzt, sondern nur derjenige, der den Versuchspersonen seine Zuneigung gezeigt hatte.

Nach den Ergebnissen des geschilderten Experiments verhielte es sich also so, daß in einer Paarbildung vorwiegend zwei Menschen zusammenkämen, von denen der eine eine höhere, der andere eine niedrigere Selbsteinschätzung hätte. Damit ist in keiner Weise erklärt, was der Partner mit der hohen Selbsteinschätzung am anderen mit der niedrigen Selbsteinschätzung findet.

Die Ingratiationstheorie von Walster erlebte das Schicksal vieler empirisch-psychologischer Theorien: sie wurde alsbald einmal widerlegt, dann aber wieder gestützt. Außerdem kennzeichnet sie ein weiteres Merkmal typisch empirisch-sozialpsychologischer Forschung: auf Alltagsphänomene angewendet kann sie manches erklären, manches auch wieder nicht, wobei man kein rationales Kriterium angeben kann, das den Geltungsbereich einsehbar absteckt.

Eine wesentliche Rolle in bezug auf die erotische Attraktivität spielt die *erlebte Schönheit* des Menschen, in den man sich verliebt. Die Schönheit eines Menschen spielt eine meist unterschätzte Rolle im zwischenmenschlichen Bereich. Man ist aber eher geneigt, einem schönen Menschen alle möglichen guten Eigenschaften zuzuschreiben und sich auch in ihn zu verlieben als dies bei einem häßlichen der Fall ist. Allerdings wird in den empirischen Untersuchungen zu diesem Thema meist nicht danach gefragt, welche dynamisch-genetischen Bedingungen dazu führen, daß ein Mensch als schön, ein anderer als häßlich erlebt wird. Es gibt keine objektive Kriterien des Schönen in der experimentellen Sozialpsychologie: die Schönheit eines Gesichts, einer Figur wird durch das Urteil anderer Menschen festgelegt. So unternahm Dion 1972 folgendes Experiment:

Dion schilderte Studentinnen als Vpn die rücksichtslose Tat eines siebenjährigen Mädchens. Dann zeigte sie angeblich dessen Foto, einmal ein schönes, einmal ein häßliches Kind und erhielt beim Foto des schönen Mädchens z. B. folgende Antworten (zit. nach Wilson und Nias 1976, S. 13): »Sie sieht wie ein normales, liebes kleines Mädchen aus, mit guten Manieren, von Grund auf selbstlos. Es scheint, daß sie mit allen anderen nett spielt, aber wie jedermann kann sie einen schlechten Tag haben. Ihre Herzlosigkeit sollte nicht so ernst genommen werden.« Wenn den Vpn das Foto eines häßlichen kleinen Mädchens gezeigt wurde,[64] dann erhielt die Autorin eher folgende Reaktionen: »Ich glaube, dieses Mädchen könnte sehr ungezogen sein und ein Problem für die Lehrer darstellen. Sie könnte leicht einen Streit mit gleichaltrigen Kindern beginnen. Zuhause wird sie sicher ein Flegel sein. Alles in allem wird sie ein Problemkind sein.«
Dieses Experiment kann insofern als Beispiel für sinnvolle sozialpsychologische Forschung dienen, als es von vorneherein nur eine beschränkte Aussage anstrebt und nicht in gekünstelter Komplexität empirische Befunde theoretisch überfrachtet.
Die erlebte Schönheit eines Menschen führt nicht nur zu Ungerechtigkeiten in der Schule, sondern auch im Bereich der Justiz. In Experimenten zum Zusammenhang von Schönheit und Strafe fanden Sigall und Ostrove (zit. nach Wilson und Nias, S. 17–19), daß schöne Diebinnen im Durchschnitt 2,8 Jahre, häßliche hingegen 5,2 Jahre Gefängnis bekamen. Bei Betrug hingegen sahen die Ergebnisse anders aus. Es wurde unterstellt, eine sehr schöne bzw. sehr häßliche Frau habe einen Mann dazu gebracht, in eine nichtexistierende Firma Geld zu investieren. Hier fielen die Strafen für die attraktive Täterin härter (5,5 Jahre) als für die häßliche (4,4 Jahre) aus. Die Versuchspersonen empörten sich offensichtlich darüber, daß eine schöne Frau ihre Schönheit zu bösem Zwecke ausgenutzt hatte.
Solche Experimente zeigen, welche Bedeutung die Schönheit eines Menschen im interpersonalen Kontext erlangen kann. Sie sind jedoch mit Vorsicht zu interpretieren, da die Dynamik des Verhaltens im Experiment unter recht künstlichen Bedingungen steht, wie z. B. mangelnde eigene emotionale Beteiligung der Vpn, Verwendung von Fotos statt lebender Personen usw.
Wir dürfen allerdings festhalten, daß Attraktivität einen hohen Prestigewert besitzt. Dies gilt zunächst für die Attraktivität der eigenen Person; es wurde aber auch festgestellt, daß Attraktivität sozusagen ausstrahlt, und ein weniger schöner Mensch allein durch die Tatsache, daß er einen attraktiven Partner hat, an Prestige gewinnt. In diesem Befund könnte eine weitere Erklärung für die Tatsache liegen, daß Gefühle romantischer Liebe eher einem schönen als einem häßlichen Menschen entgegengebracht werden.
Wir betonten schon, daß es im Rahmen der experimentellen Sozialpsychologie keine »objektive« Bestimmung dessen gibt, was schön ist. Diese Frage wird von Versuchskollektiven beantwortet. Bemerkenswert ist dabei allerdings, welche hohe Konkordanz die Einschätzungen der Attraktivität auf-

weisen. Wenn wir auch nicht wissen, worin das Wesen der Schönheit besteht, so sind sich durch unabhängige Beobachter bei der Einschätzung der Schönheit sehr einig.

Dieser Konkordanz der Fremdbeurteilung steht die Diskordanz von Selbst- und Fremdbild gegenüber. Die meisten Menschen wissen selbst nicht, wie attraktiv sie sind und verschätzen sich bei der Frage, wie sie wohl auf andere wirken, in beide Richtungen erheblich. Nach Murstein (1972, S. 8) beträgt die Korrelation zwischen Selbst- und Fremdbild bei Männern nur +.33, bei Frauen sogar nur +.24. Diese Fehleinschätzung führt oft zu Schwierigkeiten im zwischenmenschlichen Bereich, da sich viele entweder zu wenig oder zu viel von ihrer Wirkung auf andere erhoffen.

Es sind allerdings nicht nur die Individuen, die ihre erotische Anziehungskraft selbst so schlecht einschätzen können, auch die Geschlechter sind sich in bezug auf Selbst- und Fremdbild nicht einig. So meinen Männer (nach Wilson und Nias, S. 37), daß vor allem ihre muskulöse Brust und ihre Schultern, ihre muskulösen Arme, ihr großer Penis und überhaupt ihre Körpergröße auf Frauen wirkten. Repräsentative Stichproben von Frauen sehen das allerdings anders: Muskulöse Arme z. B. stoßen sie eher ab, die Größe des Penis und die Körpergröße ist ihnen gleichgültig, ebenso muskulöse Brust und Schultern. Äußerst wichtig ist Frauen, daß die Gesäßbakken schmal und »sexy« sind. (Daß die Gesäßbacken in bezug auf die erotische Anziehungskraft wichtige Körperteile sind, ahnen die Männer gar nicht.) Weiterhin ist den Frauen wichtig: Schlankheit und flacher Leib und »schöne Augen«.

Wenn man sich überlegt, was denn nun die Attraktivität eines Menschen ausmacht, so wird man wohl auf drei Begriffe stoßen: Gesundheit, Lebhaftigkeit und Erregung. So wurde z. B. eine Frau auf einer Fotographie dann als attraktiver beurteilt, wenn ihr größere Pupillen einretouchiert worden waren. Die Größe der Pupillen ist ein deutlich wahrnehmbares Merkmal der Erregung. Unter Erregung ist hier ganz allgemein eine physiologische Aktivierung zu verstehen.

Diese Bemerkungen gelten aber wahrscheinlich nur für unseren Kulturkreis. Es gibt erhebliche Unterschiede in bezug auf die Ideale der Attraktivität. So galten in China z. B. verkrüppelte Füße als besonders anziehend; eine Kultur bevorzugt dicke Frauen, eine andere dünne usw.

Zur erotischen Attraktivität gehört, wie schon angedeutet, nicht nur die Körpergestalt. Im Gegenteil, bei Männern legt unsere Kultur gar keine große Bedeutung auf diese. Centers untersuchte 1972 die wünschenswerten Eigenschaften eines Partners. Der Autor fand (zit. nach Wilson und Nias, S. 52) folgende Auflistung wünschenswerter Eigenschaften für Männer:

- Leistung
- Führernatur
- berufliche Fähigkeiten
- wirtschaftliche Stellung
- Unterhaltungstalent

- Verstandesqualität
- Beobachtungsvermögen
- gesunder Menschenverstand
- athletisches Können
- theoretische Fähigkeiten

(Diese Liste gibt die Eigenschaften in der Reihenfolge ihrer Bedeutung wider).

Variablen wie Zärtlichkeit, Einfühlungsvermögen oder körperliche Schönheit waren Probandinnen dieser Studie gleichgültig (Studentinnen der Universität von Kalifornien in Los Angeles).

Bei den männlichen Vpn rangierte in bezug auf die Frauen die körperliche Schönheit deutlich an erster Stelle. Es ergab sich folgende Rangliste:

- körperliche Anziehungskraft
- erotisches Talent
- Gefühlsbetonung
- geselliges Geschick
- häusliche Fähigkeiten
- Schneiderkunst
- zwischenmenschliches Verständnis
- Interesse für die Kunst
- moralisch-spirituelles Verständnis
- künstlerische Fähigkeiten

(Auch die männlichen Vpn waren allesamt Studenten der Universität von Kalifornien in Los Angeles.)

Wenn solche empirischen Untersuchungen genügend breit gestreut wiederholt worden sind, können sie die Erwartungshaltungen der Menschen zum jeweils anderen Geschlecht dokumentieren. Sie deuten in ihrem Geltungsbereich sozusagen die Minimalbedingungen an, unter denen eine Paarbindung entstehen kann. Sie zeigen auch, daß Paarbindungen nicht unabhängig von der Vorurteilsstruktur einer bestimmten Gesellschaft entstehen. Der Geltungsbereich dieser Untersuchungen ist aber eng auf die untersuchte Population beschränkt.

Nach einer als repräsentativ vorgestellten Umfrage in der Bundesrepublik haben die Befunde von Centers bei uns keine Gültigkeit (Playboy 1978, Nr. 8). Frauen erwarten danach vom Mann Zärtlichkeit, gutes Aussehen, aber keine »Leistungsmaschinen«. Die Männer suchen nach dieser Untersuchung jedoch auch bei uns in erster Linie die gut aussehende Frau (nicht näher definiert).

Historisch betrachtet ergibt sich das Paradox, daß offensichtlich der Vorurteilsstruktur nach die Männer den Frauen erotische Kultur und eine feinere Ausprägung der Empfindungsfähigkeit zubilligen, ja diese geradezu fordern, einige Frauengruppen von den Männern hingegen erwarten, daß sie im Grunde Leistungsmaschinen sind; diese Frauen legen – wenn wir Centers folgen können – keinen Wert auf erotische Fähigkeiten der Männer.

Doch selbst zu den Daten von amerikanischen Studentinnen möchten wir einschränkend anmerken, daß hier relativ rasche Änderungen – nach Art von Moden – möglich sind. Zärtlichkeit wird gegenwärtig von Frauen wahrscheinlich generell viel stärker erhofft, als es sich für die von Centers untersuchte Gruppe im Jahre 1972 ausdrückte.
Wir haben bis jetzt eine Reihe von empirischen Befunden geschildert, die aus dem Bereich der Erforschung der interpersonellen Attraktivität stammen. Dieses Gebiet bildete uns sozusagen einen Ersatz für unser eigentliches Thema, die erotische Attraktion. Sicher sind aus den empirischen Ergebnissen zum Problem der interpersonellen Attraktion auch für die Fragestellung nach den Bedingungen einer erotischen Liebe gewisse Schlüsse zu ziehen. Es kann sich aber wohl mehr nur um Minimalbedingungen als um wirkliche Modelle handeln. Warum sich zwei Menschen ineinander verlieben, mag zwar mehr oder weniger entfernt etwas mit den geschilderten Fakten zu tun haben, wir können aber nicht einmal genau sagen, wieviel.
Bemerkenswert erscheint uns ein Buch, das die Liebesfantasie amerikanischer Männer darstellt: Pietropinto und Simenauer (1978) bedienen sich bei ihren Studien über das männliche erotische Verhalten u. a. einer »Aufsatzmethode«. Diese eignet sich zu Aussagen, welche jenen der Dichter entfernt ähneln. Der große Unterschied zu den literarischen Dokumenten besteht vor allem darin, daß es sich um Trivialliteratur im engsten und nicht wertenden Sinne handelt; sie ähnelt den Grafitti, die wir in Pompeji an den Wänden der Häuser finden.
Im wissenschaftlichen Sinn stellt die Aufsatzmethode ein höchst problematisches Erhebungsverfahren dar, ihre rationale Auswertung wird zum kaum lösbaren Problem.
Trotzdem hier einige Beispiele:
Unter dem Stichwort »Die Macht, Männer zu reizen« untersuchen die Autoren das, was in Männern Liebe weckt, den »turn on« oder »sex appeal«. Sie finden, was ja auch schon weiter oben behauptet wurde, daß (amerikanische) Männer vor allem das Körperliche betonen. Sie tragen aber weitere Ergebnisse für die Hypothese zusammen, daß es nicht nur die morphologische Körperstruktur ist, die reizt, sondern auch bestimmte Verhaltensweisen der Frau: »Ich mag eine Frau, die reagiert, die mir sagt, was sie gerne hat und die sich natürlich auch von mir angezogen fühlt. Ich will, daß eine Frau mich anfaßt, mich begehrt und manchmal auch hinter mir her ist. Ich mag hautenge Pullover und spitzenartige durchsichtige Nachthemden. Ich will eine gesellige Frau und eine Hure im Bett« (S. 40).
Was reizt einen Mann an einer Frau? Welche Besonderheiten ihres Körpers, ihrer Persönlichkeit oder ihres Verhaltens finden sie erregend? Eine Antwort war: »Ein hübsches Gesicht ist schön, aber *so* wichtig ist es auch wieder nicht. Ein weicher, warmer Körper mit ganz vielen Kurven, weiche, runde Brüste. Ich mag Frauen mit ungekünsteltem Lächeln und einer Menge weißer Zähne. Ich mag Frauen, die ein bißchen naiv wirken, aber

gleichzeitig auch ein bißchen sexy, einen ruhigen Frauentyp, nicht zu laut und aufdringlich . . .« (S. 45).
Wann werden Männer erotisch erregt? »Parfüm benutzen und scharfe Sachen anhaben. Schummriges Licht, leise Musik – ich bin Romantiker. Weich und weiblich« (S. 53).
Was regt Männer an? »Viele Sachen, z. B. könnte sie nur Unterwäsche anhaben oder ein Handtuch oder irgend etwas anderes, das mir die Möglichkeit gibt, ihren Körper freizulegen« (S. 54).
Die Wissenschaft von der Liebe muß sich erst noch entwickeln. Amerikanische Männer sind der Ansicht, daß die Liebe das wichtigste überhaupt in ihrem Leben ist (38,4% nach Pietropinto und Simenauer, S. 315). Hier besteht offensichtlich eine Diskrepanz zwischen alltäglichen Gefühlen und der Wichtigkeit, die ihnen in bezug auf ihre wissenschaftliche Erforschung zugesprochen wird. Oder stimmt es vielleicht, was der amerikanische Senator William Proxmire 1975 aussagte:
»200 Millionen Amerikaner möchten einige Dinge als Geheimnis bewahren, und an der Spitze derjenigen Dinge, die wir nicht wissen wollen, steht, warum Mann und Frau einander lieben« (zit. nach Wilson und Nias, S. 2).
Da sich das vorliegende Buch auf die empirische Untersuchung der menschlichen Sexualität durch die wissenschaftliche Psychologie beschränkt, muß ein Ansatz der Erforschung der Erotik außer Betracht bleiben, der nach Auffassung des Autors dieser Zeilen sehr viel mehr zur Phänomenanalyse der Liebe beitragen könnte als die wissenschaftliche Psychologie, nämlich die historisch-hermeneutische Forschungsmethode der Literatur- und Geschichtswissenschaft.
Nur als Beispiel sei hier auf eine Analyse von Specht (1977) verwiesen. Im Mittelpunkt der Überlegungen von Specht steht jener »Coup de Foudre« (Blitzschlag), der die Verliebtheit einleiten kann. Nach Specht sind mit der Verliebtheit regelmäßig bestimmte Stimmungszustände verbunden: hypomanisches Gefühl bei dem Gedanken, man werde wiedergeliebt, tiefe Niedergeschlagenheit beim Zweifel an Gegenliebe. Der Verliebte fühlt sich enthusiasmiert, entsprechende Körpersensationen stellen sich ein: Aufregung, ängstliche Erwartung, Fiebrigkeit, erhebende Gefühle, süßes Sehnen in der Brust usw. Ein ganz zentrales und wesentliches Moment an der Verliebtheit im hier verstandenen Sinne ist die Hoch- und Überschätzung, die Idealisierung des Liebesobjektes.
Von all diesen Gefühlen hören wir im Rahmen empirischer Psychologie wenig oder nichts. Sie spricht von Komplementarität der Bekräftigungsmatritzen, vom Verhältnis der Selbsteinschätzung zur Attraktivitätsattribution, von der Interaktion hoher sozialer Erwünschtheit und höchster bzw. niedrigster Selbsteinschätzung usw. Empirische Psychologie berichtet uns über die Struktur des idealen Partners amerikanischer Studentinnen und nichts über die Gefühle, die bei der allerdings höchst seltenen, aber deshalb doch nicht unmöglichen intensiven Liebe auftreten.

7.4 Sexuelle Stimulation

Im vorhergehenden Teil wurde körperliche Attraktivität, welche sexuell stimulierenden Charakter haben kann, thematisiert. Nun sollen vorwiegend *Erotica* als sexuelle Stimuli betrachtet werden.

Erotica können in verschiedener Form auftreten: etwa als verbale Darstellungen in Texten oder als bildliche in Zeichnungen, Fotografien, Filmen usw.

Über Erotica werden die unterschiedlichsten allgemeinen Aussagen gemacht. Das Spektrum reicht von Aussagen wie: sie seien etwas Anstößiges, Ekelerregendes, für das Individuum und die Gesellschaft Schädliches, sie würden die Moral sowohl in sexueller als auch in nichtsexueller Hinsicht negativ beeinflussen und zu sozialer Desintegration führen, bis hin zu Meinungen, daß Erotica harmlos und sogar positiv in ihren Auswirkungen seien.

Es sollen an dieser Stelle einige Ergebnisse wissenschaftlicher Untersuchungen dargestellt werden, welche die Gültigkeit der unterschiedlichen Behauptungen empirisch zu überprüfen versuchten.[65]

7.4.1 Erotica und sexuelles Verhalten

Von zentralem Interesse war bei diesen Untersuchungen die Frage, ob der Betrachter durch psychosexuelle Stimuli erregt wird und ob die Stimuli Konsequenzen für das sexuelle Verhalten des Betreffenden haben. Die Ergebnisse der wissenschaftlichen Untersuchungen stimmen darin überein, daß psychosexuelle Stimuli (Fotos, Erzählungen und Filme) bei einem großen Teil der Befragten beider Geschlechter sexuelle Erregung hervorrufen. Diese sexuelle Stimulierung und Erregung ist jedoch in Abhängigkeit vom Medium, über das psychosexuell stimuliert wird, vom Inhalt der Darstellungen, von der Häufigkeit der Konfrontation mit Erotica und von der sexuellen Erfahrung des jeweiligen Probanden unterschiedlich.

In mehreren experimentellen Untersuchungen ist nachgewiesen worden, daß

1. »erotische Filme mehr sexuelle Erregung hervorrufen als textliche oder bildliche Darstellungen« (Pornographie-Report 1971, S. 50);
2. die Stimulierung und Erregung von der sexuellen Orientierung des Individuums abhängig ist. Entsprechend reagieren heterosexuell orientierte Probanden auf Darstellungen nackter Personen des anderen Geschlechts stärker als auf solche gleichgeschlechtlicher Personen; für homosexuell Orientierte sind die Verhältnisse umgekehrt (vgl. auch Schmidt 1971, S. 84);
3. die Darstellung des Koitus und heterosexuellen Pettings zu größerer sexueller Erregung führt als beispielsweise sadomasochistische Themen; nach Schmidt (1971, S. 85) ist die Ursache dafür weniger im tatsächlich geringeren Stimulationswert solcher »ungewöhnlicher« Praktiken zu

suchen, vielmehr ist »moralische Abwehr« die Ursache für die geringeren sexuellen Reaktionen;
4. sexuell erfahrene Personen auf Erotica mit höherer Erregung reagieren als sexuell Unerfahrene (vgl. Schmidt 1971); das gleiche bewirken bereits vorhandene Erfahrungen mit Erotica, wobei wiederholte und ausgedehnte Konfrontation zu einem Sättigungseffekt und damit zu einer Verminderung der sexuellen Erregbarkeit zu führen scheint (Howard et al., zit. nach Pornographie-Report 1971, S. 62ff.).

Eine Reihe von Untersuchungen erbrachte geschlechtsspezifische Unterschiede hinsichtlich der sexuellen Erregung durch Erotica; hält man sich jedoch vor Augen, daß diese eine Funktion der Stimulusinhalte sind, ein hoher Prozentsatz kommerziell angebotener Erotica aber auf die sexuellen Bedürfnisse des Mannes abgestimmt ist, müssen solche Unterschiede vorsichtig interpretiert werden (vgl. auch Reiss 1970).

Ein Unterschied zwischen Sexualstraftätern und anderen Gruppen hinsichtlich der Präferenzen bei sexuellen Themen und hinsichtlich der Bewertung als sexuell stimulierend konnte nicht festgestellt werden.

Die These, daß ein Kausalzusammenhang zwischen der Verwendung von Erotica und Sexualstraftaten bestehe, konnte weder für Jugendliche noch für Erwachsene gestützt werden. Das Ausmaß und die Häufigkeit der Erfahrungen, das Alter bei der ersten Konfrontation und die Erregung sind bei straffällig und nicht-straffällig gewordenen Jugendlichen weitgehend ähnlich; bei Erwachsenen war der Unterschied nur unwesentlich. Forschungsergebnisse zeigen, daß für psychosexuelle Fehlentwicklungen und antisoziales Verhalten eher in der Kindheit erfahrene sexuelle Repressionen und die Unterdrückung der sexuellen Neugier verantwortlich zu machen sind als Erfahrungen mit Erotica.

Ganz allgemein läßt sich über die Auswirkungen von Erotica auf das Verhalten anhand der bisherigen Untersuchungen folgendes sagen: bei Erwachsenen sind sexuelle Verhaltensformen sehr stabil und durch Erotica substantiell kaum veränderbar. Wenn überhaupt ein Einfluß nachweisbar war, etwa im Anstieg der sexuellen Aktivität, war dieser meist nur von kurzer Dauer und innerhalb von 48 Stunden verschwunden, bzw. nur solche Aktivitäten traten verstärkt auf, welche bereits im Verhaltensrepertoire vorhanden waren. In keiner Untersuchung ließ sich eine dauerhafte signifikante Veränderung des Sexualverhaltens nachweisen, weder hinsichtlich der Qualität noch der Quantität (vgl. auch Ernst et al. 1975).

7.4.2 Erotica und Einstellungen zur Sexualität

Es gibt eine Reihe von Untersuchungen, welche sich mit der Wirkung sexueller Stimuli auf Einstellungen, Emotionalität und Wertvorstellungen befassen; einige dieser Untersuchungen lassen den Schluß zu, daß Erotica wenig oder gar keinen Einfluß auf vorhandene Einstellungen zur Sexualität haben. Es scheint eher so zu sein, daß eine liberalere Einstellung zur Sexualität, gesellschaftliches Engagement und allgemeine Toleranz eine höhere Wahrscheinlichkeit dafür ergeben, überhaupt mit sexuellen Stimuli konfrontiert zu werden. In diesem Sinne sind die Ergebnisse von Christensen (1971, S. 38 f.) interpretierbar, der feststellte, daß sich ein größerer Teil der dänischen Befragten gegen eine Zensur pornographischer Schriften und Darstellungen aussprach als dies bei den Amerikanern der Fall war. Schmidt (1971, S. 87 f.) referiert Untersuchungen, bei denen die Wirkung der Lektüre der Kinsey-Reports auf die Einstellungen zur Sexualität erfaßt wurde; die Ergebnisse sind wenig eindeutig, denn es kam sowohl zu Veränderungen in Richtung auf eine liberalere als auch auf eine restriktivere Einstellung.

Die verbreitete Ansicht, Erotica führten dazu, daß Männer die Achtung vor der Frau verlieren, ist wahrscheinlich unbegründet. Zumindest ließ sich in diesem Bereich nicht nachweisen, daß eine Konfrontation mit sexuellen Stimuli zu einer Änderung der Einstellungen gegenüber der Frau bzw. zu einer Änderung bereits etablierter Gewohnheiten zu sexuell ausbeuterischem Verhalten führte.

7.4.3 Problem der Erotica

Da die Wirksamkeit des Lernens am Modell für die menschliche Entwicklung außer Zweifel steht, überraschen die Ergebnisse obiger wissenschaftlicher Untersuchungen. Nach der Theorie des Lernens am Modell ist es unwahrscheinlich, daß die Konfrontation mit Erotica keinerlei Veränderungen im Verhalten und in den Einstellungen mit sich bringen soll, wobei sicher auch die Häufigkeit der Konfrontation hierbei von Bedeutung ist. Es ist durchaus möglich, daß die Meßinstrumente, welche die Wirkungen von Erotica feststellen sollten, zu unscharf waren und nur sehr beschränkt feine Differenzierungen erfassen konnten; darüberhinaus fehlen bislang echte Längsschnittuntersuchungen in diesem Bereich fast völlig.

Weiterhin ist fraglich, ob von *den* Auswirkungen *der* Erotica überhaupt gesprochen werden kann. Eine Pornoszene mit Darstellungen von oral-genitalen Praktiken führt vielleicht zu erhöhter offener oder phantasierter Sexualität, speziell zu oral-genitalen Techniken, aber nicht beispielsweise zu sadistischem Verhalten oder ähnlichem. Die Untersuchung von Ernst et al. (1975, S. 282) ergab, daß ein sadomasochistischer Film offenbar nur deviante Gruppen anspricht und »für die übrigen ziemlich uninteressant und wirkungslos« ist. Anders ist es mit der Darstellung etwa einer Vergewaltigung; sie scheint auf ein »konflikthaftes Interesse« bei Betrachtern zu stoßen. »Aggressivität in Filmen, die Sexualität darstellen, blockiert also nicht die Möglichkeit, mit sexueller Erregung zu reagieren, sondern fördert sie womöglich« und wirkt für solches Verhalten verstärkend, welches mit Sexualität Beherrschung und Unterwerfung verbindet. Gängige Geschlechtsrollen werden nicht in Frage gestellt, vielmehr wird solches Verhalten verstärkt, das Männlichkeit mit Machtausübung bzw. sexueller Verfügung

über die Frau und Weiblichkeit mit Unterwerfung bzw. Objekt zur Befriedigung männlicher sexueller Bedürfnisse verbindet (ebenda, S. 283).
Ein weiteres Problem, das in der Forschung bislang zu wenig Berücksichtigung fand, ist die Frage nach der Wirkung von Erotica auf Kinder und Jugendliche. Allein mit der Feststellung, daß sich straffällig gewordene von nicht-straffälligen Jugendlichen, bezogen auf den Konsum von Erotica, nicht signifikant unterscheiden, ist dieses Problem nicht abgeschlossen.
Im Zusammenhang mit sexueller Stimulation bleiben viele Fragen offen: so ist beispielsweise noch unklar, *was* genau stimulierend wirkt, *wie* diese Stimulation wirkt; auch Masters und Johnson geben hier keine einschlägigen Informationen, obwohl sie aus ihren Experimenten über Erfahrungen verfügen müssen.
Ganz allgemein scheint klar zu sein, daß Persönlichkeitsmerkmale, die bereits vorhandene Einstellung zur Sexualität und die gegebenen äußeren Bedingungen auf die Wahrnehmung und Verarbeitung sexueller Stimuli Einfluß nehmen, jedoch sind z. Zt. keine genauen Aussagen und Prognosen in diesem Bereich möglich.

8 Klinisch-psychologische Aspekte (Störungen und ihre Therapien)

8.1 Zum Störungsbegriff

Wenn wir hier »Störungen« diskutieren, so soll ein breiter Bereich erfaßt werden, der von Fehleinstellungen bis zu funktionellen Störungen und zur Devianz reicht.

Störungen sind Abweichungen von der Norm. Doch was ist die Norm, was ist normal im Sexualverhalten (s. Kap. 2)?

Normen sind Verhaltensvorschriften, sie werden im allgemeinen von »Menschen im Plural« gebildet; so hat jede Familie, jede Schulklasse ihre Normen; aber auch »Klassen« wie die Bauarbeiter, die Lehrer, die Christen, die Deutschen, die Westeuropäer haben je eigene Normen. Es ist aber durchaus auch sinnvoll, von individuellen Normen zu sprechen: jemand setzt sich eine Norm, deren Einhaltung er für sich für adäquat hält. Zwischen den Normen können Konflikte auftreten: die Lehrer verlangen vom Schulkind Leistungen, die Schulklasse verlangt evtl. Leistungsverweigerung. Normen können sich ändern: zwischen Frühjahr und Sommer 1945 änderten sich die deutschen Verhaltensnormen gegenüber den Juden gewaltig. Normen sind kaum etwas Allgemeingültiges und auch nicht etwas sehr Dauerhaftes. Sie liegen selten eindeutig vor; vielmehr müssen sie erschlossen und interpretiert werden. Relevant ist die Interpretation durch die jeweils Mächtigen. Was eine Lüge ist, definiert bzw. interpretiert in der patriarchalischen Familie der Vater, in der autoritär geführten Schulklasse der Lehrer.

Ist homosexuelles Verhalten normal? Im statistischen Sinne wahrscheinlich nicht; d. h. Homosexualität darf als selten gelten und »Seltenes« ist statistisch »abnorm«.

Im Sinne einer Idealnorm ist es strittig, ob Homosexuelle als abnorm gelten sollen. Doch gegenwärtig gilt bei uns Homosexualität unter diesem Aspekt als abnorm, als etwas, das von einem Zustand der Vollkommenheit entfernt ist und insofern nicht zur Norm im Sinne einer Vorschrift erhoben werden kann. Aber schließlich ist Homosexualität auch schon (allerdings nicht ausschließlich) in bestimmten Kulturen vorgeschrieben worden, also zur Norm in diesem Sinne erhoben gewesen.

Unter einem dritten Aspekt, dem der funktionalen Norm, gilt das als normal, was jemand für sich selbst als gemäß erachtet. Wenn ein Homosexueller im statistischen und idealtypischen Sinne abnorm ist, so kann er immer noch seine Besonderheit als die ihm gemäße Selbstverwirklichung verstehen – und wir können ihm dabei folgen. Er ist also in seiner Homosexualität nur dann abnorm oder gestört, wenn er unter ihr so leidet, daß er sie nicht akzeptieren kann.

Es gibt kein natürlicherweise »normales« Verhalten; das beweist ein Blick

auf die Geschichte und die Vielfalt des in verschiedenen Kulturen »Normalen«.
Normdiskussionen enden nicht; sie sind ein permanenter Prozeß. Doch gelegentlich ist entschlossenes Handeln nötig. Der Homosexuelle, der sich nicht akzeptiert, entwickelt vielleicht Selbstmordabsichten, die therapeutische Bemühungen erforderlich machen. Therapeut und Patient müssen mit ihrem jeweiligen Wissen um Normen gemeinsam festlegen, was als Störung behoben, was toleriert und akzeptiert und was selbstbewußt aufgebaut werden soll.

8.2 Störungen durch Informationsmängel

Eine Vielzahl von Störungen – wir dürfen sie wegen der leichten Behebbarkeit auch »Pseudostörungen« nennen – geht auf Informationsmängel bzw. Fehlinformationen über das, was als normal gelten darf, zurück (»normal« wird hier meist im statistischen Sinn verstanden).
Sexuelle Fehlinformationen können viel Unheil anrichten; wir haben schon über die Sich-selbst-erfüllende-Annahme von der Altersimpotenz und -frigidität gesprochen (Kap. 6.6).
Sehr verbreitet ist bei Männern die Angst, einen zu kleinen Penis zu besitzen – verbunden mit der Angst, die sexuelle Befriedigung der Frau sei dadurch beeinträchtigt. Die Entstehung dieses »Minderwertigkeitsgefühls« mag z. T. darauf zurückgehen, daß man die ersten, sich einprägenden Beurteilungen der Penisgröße als Kind vornimmt, z. T. darauf, daß die optische Perspektive, mit der ein Mann sein Genitale betrachten kann, ungünstig ist und Verkürzungen im Sinne von Wahrnehmungstäuschungen Vorschub leistet. Schließlich soll es aber Frauen geben, vornehmlich wird es Prostituierten nachgesagt, welche Männern gegenüber abfällige Bemerkungen über deren Penisgröße machen. Doch Tatsache ist, daß nicht die Penisgröße, sondern das Gesamtverhalten des männlichen Partners für den Orgasmus der Frau wichtig ist; Tatsache ist ferner, daß erigierte Penisse sich stärker ähneln als nicht-erigierte: nach Masters und Johnson (1967, S. 185) vergrößert sich ein kleiner Penis durch die Erektion relativ stärker als ein großer. Allenfalls kann die Wahrnehmung der Penisgröße einige Frauen so erregen wie z. B. die Wahrnehmung der weiblichen Brustgröße einige Männer erregt.
Gewiß gibt es ähnliche Probleme auch beim weiblichen Geschlecht, etwa bei der Klitorisgröße. Echte Aufklärung kann hier manchen Leidensdruck beheben. Vorläufig lebt eine einschlägige Industrie recht gut von den Schlecht-Informierten; sie fördert die Fehlinformation und verkauft erfolgreich Kapseln, Apparate etc.[66]
Bei dem Erleben der Penisgröße wie auch sonst im Sexualbereich wirkt es sich fast katastrophal aus, daß Männer die weibliche Sexualität als naives, schablonenhaftes Gegenstück zum eigenen Erleben und Verhalten be-

trachten. Weil für Männer Koitusbewegungen meist lustvoll sind und zum Orgasmus führen, erwarten sie gleiches von der Partnerin; bleibt der Orgasmus bei ihr aus, geben sie entweder eigenen anatomischen Unzulänglichkeiten die Schuld oder sprechen vorschnell von einer sexuellen Kälte der Partnerin. Wie sexuelle Interaktionen gut aufeinander abgestimmt werden, ist ihnen vielfach unbekannt.[67]

Ähnlich verbreitet sind falsche Vorstellungen von der sexuellen Leistungsfähigkeit, d. h. von der möglichen und »normalen« Häufigkeit des Geschlechtsverkehrs und des Orgasmus. Berühmte Schriftsteller von Casanova bis Henry Miller und Zwerenz verzeichnen die Realität und verursachen zusammen mit der interessierten Industrie sexuellen Aberglauben, indem sie unsinnige Leistungsnormen fördern. Die Sexualprotzerei unter Gleichaltrigen am Arbeitsplatz etc. schlägt in die gleiche Kerbe. Allen wirklich Normalen wird suggeriert, sie seien »Schlappschwänze«; nicht wenige kaufen deshalb die angeblich potenzfördernden Mittel. Wo diese tatsächlich Erfolg zu zeigen scheinen, ist überwiegend Suggestion wirksam.

Vielfach wird Alkohol als Aphrodisiakum angesehen. Die enthemmende Wirkung von Alkohol ist bekannt. Ein Zuviel erhöht aber die Gefahr situativer Impotenz bzw. situativer Ejakulationsinkompetenz, was bei ängstlichen und unaufgeklärten Männern leicht die Vorstufe zu Dauerstörungen sein kann (s. Kap. 8.3.3).

Zurückgegangen ist das Gerede von »Jugendsünden«, was immer man darunter verstanden hat. Häufig mußten Jugendliche das Wort auf die Masturbation beziehen, der man u. a. Rückenmarkschädigungen nachgesagt hat. Wir erwähnten schon, daß die Masturbation, die heute bei Therapien eingesetzt wird (s. Kap. 8.3.4), früher zu Unrecht verteufelt worden ist. Einige glauben, daß jeder Mensch nur eine bestimmte Menge sexueller Energie im Leben zur Verfügung habe und diese in der Jugend durch Masturbation leichtfertig verschleudere. Von der Masturbation wird so fälschlicherweise erwartet, sie verursache eine frühe Impotenz.

Bedeutsam ist wahrscheinlich die Tatsache, daß Männer und Frauen zu wenig darüber wissen, wie es zu Störungen der Potenz und der Ejakulation kommen kann. Jedes erstmals erlebte geschlechtliche Versagen wird schnell als krankhaft eingestuft und wird dadurch vielleicht dauerhaft. Doch eine vorzeitige Ejakulation (ejaculatio praecox) ist nach langem Vorspiel und eine Erektionsschwäche (Impotenz) ist nach übermäßigem Alkoholgenuß oder bei liebloser Partnerin oder bei irgendwelcher Angst (statistisch) »normal«.

Wenden wir uns einigen verbreiteten Informationslücken beim weiblichen Geschlecht zu. Den Streit um vaginalen oder klitoralen Orgasmus behandelten wir bereits (s. Kap. 5.5.1).

Situative Anorgasmie, also ein Ausbleiben des Orgasmus, tritt in einer Beziehung ohne Zärtlichkeit oder bei Angst – z. B. vor Schwangerschaft – leicht ein.

Es ist erstaunlich, wie viele Frauen immer noch schlecht über ihre Sexualorgane aufgeklärt sind. Es gibt glaubhafte Schilderungen, wonach Frauen z. B. eine kaiserschnittähnliche Geburt für üblich halten und den »normalen« Geburtskanal nicht kennen; es gibt noch viele Frauen, die sich ihrer Klitoris nicht bewußt sind.
Viele wissen nicht, wann und ob sie einen Orgasmus erleben. (Es gibt aber mindestens einen Frauenarzt im deutschen Sprachraum, der auf eine entsprechende Frage der Patientin sagte, ein Orgasmus liege vor, wenn es aus der Frau »genauso heraus spritze wie aus dem Mann« . . .)
Nicht selten wird Menstruationsblut als »schmutziges« oder gar als »krankmachendes« Blut angesehen[68]; damit zusammenhängend wird ein Koitus in der Menstruationszeit oft abgelehnt. Wenn in einer Partnerschaft während der Menstruation Koitusenthaltsamkeit zur Norm gemacht wird, sollte sie sich nicht auf obiges Fehlurteil stützen.
Gar nicht so selten ist die Annahme, sexuelle Aktivität bestimme das Geschlecht eines zu zeugenden Kindes: das Kind erhalte das Geschlecht des aktiveren Elternteils . . .
Sexueller Aberglaube wird nie aussterben. Sexualzauber aber hat doch viel an Bedeutung verloren; gelegentlich flackert er auf, z. B. im Umfeld von Hexenwahn. Es gibt zu wenig gezielte Forschungen, so daß wir hier auf Erörterungen verzichten wollen.
Wie schon angedeutet: die bislang geschilderten »Störungen« beruhen auf fehlender oder fehlerhafter Information und insofern können sie oftmals schnell behoben werden. Schwieriger ist zumeist die Behebung sogenannter funktioneller Störungen.

8.3 Funktionelle Störungen

8.3.1 Allgemeiner Überblick

Ist die Behandlung funktioneller Störungen auch als relativ schwer anzusehen, so ist es doch ein Hauptanliegen dieses Kapitels, einige Hoffnungen für die an funktionellen Störungen Leidenden zu wecken.[69]
Funktionelle Störungen, so können wir bei Schnabl (in Sigusch 1975, S. 69) umschrieben finden, liegen vor, wenn Mann oder Frau nicht in der Lage sind, sexuelles Verlangen zu entwickeln oder in einem Koitus zu befriedigen, obwohl die anatomisch-physiologischen Voraussetzungen gegeben sind und kein abnormes Sexualziel oder -objekt angestrebt wird (als Abgrenzung von mehr organischen Störungen und Deviationen). Auf körperlich bedingte Störungen werden wir im folgenden kaum eingehen; sie gehören in die Obhut der Medizin.
Bei der Frau werden vornehmlich der sexuelle Appetenzmangel (Alibidinie)[70], die Anorgasmie (Fehlen des Orgasmus), Vaginismus (Scheidenkrampf) und Dyspareunien (Schmerzen beim Koitus) unter funktionellen Störungen abgehandelt.

Beim Mann wird in erster Linie an Impotenz als Erektionsstörung und an die vorzeitige oder verzögerte Ejakulation gedacht. Ein Pendant zur weiblichen Alibidinie wird relativ selten erörtert, z. B. bei Schnabl kurz als Impotentia concupiscentiae, d. h. als »Unvermögen zu begehren«; auch Dyspareunien des Mannes werden in der psychologischen Literatur selten besprochen, am ehesten noch die Phimosen; das sind Vorhautverengungen, durch welche der Koitus schmerzhaft werden kann. Da sie medizinischer Behandlungen bedürfen, wird hier nicht näher auf sie eingegangen. Das folgende Schema ordnet die erwähnten funktionellen Störungen:

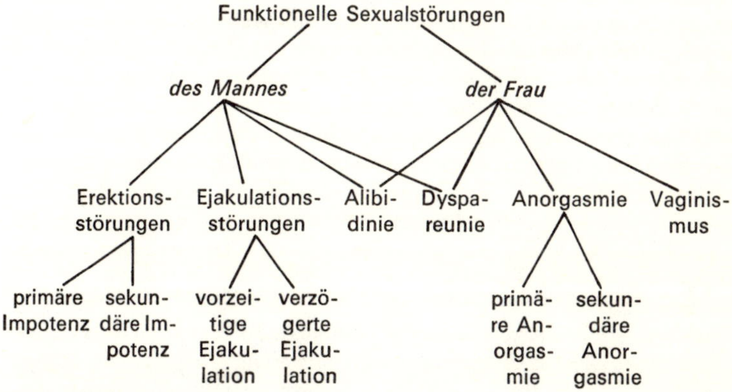

Abb. 3: funktionelle Sexualstörungen

Die herkömmlichen Therapieansätze schildert Kockott (1977); sie reichen von der medizinischen Behandlung (mit relativ geringen Erfolgen) über die Hypnose bis zur Psychoanalyse. Aber erst seit der Verbreitung der Verhaltenstherapie und seit den Erfahrungen von Masters und Johnson sind die Therapieversuche ermutigend.

Für die Behandlung funktioneller Störungen ist eine befriedigende Partnerbeziehung eine wichtige Voraussetzung. Gestörte Beziehungen können zu sexuellen Störungen führen und umgekehrt. Ein Kommunikationstraining für Paare findet man daher häufig als wesentlichen Bestandteil einer Therapie. Das gilt für Mandel et al. ebenso wie für die in Fachkreisen besonders bekannt gewordenen Vorgehensweisen von Masters und Johnson.

8.3.2.1 Allgemeines zur Verhaltenstherapie

In der Verhaltenstherapie werden Störungen als erlernt angesehen. Verhaltenstherapie verlangt immer eine gezielte Verhaltensanalyse[71] vor und während der Therapie. Dadurch wird im Grunde jede Therapie genau auf den individuellen Fall zugeschnitten; es wird gleichsam ein experimenteller Therapieplan erstellt, dessen Erfolg möglichst genau kontrolliert wird.

Wenn z. B. *Angst* bei Impotenz zentral ist, erhebt die Analyse genau die Art und Häufigkeit der Angstreaktionen, ferner die angstauslösenden

Reize und die Konsequenzen des Verhaltens. Als mögliche therapeutische Technik gegen Ängste bietet sich vielfach die systematische Desensibilisierung an. Sie enthält zwei wesentliche Elemente: die Muskelentspannung und eine Hierarchie angstauslösender Reize. In der Entspannung müssen sich Klienten die angstauslösenden Situationen mit steigendem Schwierigkeitsgrad vorstellen. Verspürt ein Patient während dieser Vorstellung eines normalerweise leicht angstauslösenden Reizes dank der Entspannung keine oder nur geringe Angst, kann zum nächsten, »schwereren« Reiz weitergegangen werden. Parallel zur Erarbeitung der Hierarchie nimmt in der Regel die reale Furcht vor dem Reizobjekt ganz allmählich ab[72]. Die Desensibilisierung kann statt mit Vorstellungen auch mit realen Stimuluskonfrontationen arbeiten (In-vivo-Desensibilisierung).

Nahezu bei jeder Therapie funktioneller Sexualstörungen kann systematische Desensibilisierung erfolgbringend eingesetzt werden. Wichtige Bestandteile der Therapie von Masters und Johnson, die im folgenden besonders berücksichtigt wird, sind der systematischen Desensibilisierung sehr verwandt: z. B. die allmählich zunehmenden Durchmesser der Hegarstifte beim Vaginismus und die Übungen zum Körperkontakt, welche einer In-vivo-Desensibilisierung sehr nahekommen (Kap. 8.3.4.3 und Kap. 8.3.2.2).

8.3.2.2 Allgemeine Bestandteile der Therapie bei Masters und Johnson

Masters und Johnson können keiner bekannten Therapieform oder -schule zugerechnet werden. Angst vor sexuellem Versagen sehen sie als Hauptübel. Sie haben das Prinzip, nur Paare in ihrer Interaktion, nicht einzelne Patienten zu behandeln. Bei einer Sexualstörung sind schließlich die Partner immer mitbetroffen, z. T. auch mit-verursachend. Wenn ein männlicher Patient z. Zt. keinen Partner hat, wird ein Partnerersatz (keine Prostituierte) stundenweise von der Klinik gestellt; für weibliche Patienten wird Entsprechendes 1970 nicht berichtet[73].

Ferner wird jedes Klientenpaar von einem Therapeutenpaar betreut. Es wird z. B. angenommen, daß Hemmungen einem gleichgeschlechtlichen Therapeuten gegenüber geringer sind und das Verständnis unter Angehörigen des gleichen Geschlechts besser ist. Vielfach wird gesagt, die eigentliche Therapie liege praktisch in den Händen der Partner; das Therapeutenpaar leite diese lediglich an.

Bei Masters und Johnson werden die Klienten bis zu drei Wochen lang stationär behandelt; es soll eine Atmosphäre entstehen, die frei von Alltagssorgen ist.

Die Therapie beginnt mit einem kurzen ersten Gespräch, das über den Sinn und Inhalt der folgenden Treffen informiert. Koitus wird zunächst untersagt. In anamnestischen Gesprächen wird die Vorgeschichte erhoben und die Motivation des Paares geprüft. Es folgen eine körperliche Untersuchung und das erste gemeinsame therapeutische Gespräch (round-table-discussion), in dem Informationen über Störungsursachen und über Sexualverhalten allgemein vermittelt werden, aber bereits auch eine »sensorische

Fokussierung« vorgestellt und angeraten wird; d. h. die Partner sollen anschließend nackt und entspannt einander durch Streicheln und Betasten angenehme Körpergefühle vermitteln, wobei Genitalien und Brüste fürs erste ausgenommen sind, ein Orgasmus somit vermieden werden soll. Dadurch sollen Leistungserwartungen und -ängste abgebaut werden; die Partner sollen erfahren, daß sexuelle Erregung einmal durch eigene Aktivität, durch das Stimulieren des Partners und durch dessen Reaktionen, stattfindet und zum anderen durch passives Stimuliertwerden. Zum Training der verbalen Kommunikation, das in den round-table-Gesprächen eingeleitet wird, tritt hier ein Element nichtverbaler Kommunikation. Im nächsten Schritt wird der Genitalbereich in die Körperkontaktübungen mit einbezogen; ein Orgasmus wird weiterhin nicht angestrebt. Wenn auf diese Weise eine befriedigende Kommunikation zwischen den Partnern hergestellt ist, folgen Therapieschritte, die gezielt auf die jeweiligen Störungen eingehen[74]. Die soeben geschilderten Übungen werden dabei im Prinzip ständig beibehalten.

8.3.3 Funktionelle Störungen beim Mann

8.3.3.1 Vorzeitige Ejakulation (ejaculatio praecox)

Eine Ejaculatio praecox (E. p.) ist schwer zu definieren, wie Masters und Johnson schreiben, bevor sie festlegen, ein Mann leide an E. p., wenn er die Ejakulation nicht so lange zurückhalten kann, daß seine Partnerin nicht wenigstens bei jedem zweiten Koitus einen Orgasmus erlebt. Wer bedenkt, daß viele Frauen nicht primär über die Vagina, und daß einige Frauen weniger durch Koitus als vielmehr durch orale oder manuelle Zärtlichkeit befriedigt werden wollen, muß bei dieser Umschreibung Unbehagen verspüren.

Eine E. p. wird vorwiegend in solchen Partnerschaften »erkannt«, in denen die Frau einen längeren Koitus wünscht[75]. Im allgemeinen ist aber auch der Mann spontan unzufrieden, wenn er einen Koitus nur über wenige Sekunden aufrechterhalten kann. Wo allerdings der männliche Orgasmus als *das* Ziel des Sexualverhaltens gilt, wird E. p. nicht zum Problem. Dies dürfte für alle deutlich patriarchalischen Kulturen gelten. Auch ist E. p. mehr ein Phänomen der Jugendjahre als des Alters. Bei Männern, die noch keine 30 Jahre alt sind, ist E. p. die häufigste Störung (64% aller Sexualstörungen, weitere 15% in Kombination mit Erektionsstörungen); bei Männern über 50 machen sie nur 34% aus (weitere 23% in Kombination mit Erektionsstörungen).

Eine sehr schnelle Ejakulation tritt leicht nach längerem Koitus-Vorspiel ein, ebenso nach längerer Enthaltsamkeit. Sie bliebe vereinzelt, würde sie nicht bei wenig aufgeklärten Männern durch Ängste, die sich daran anschließen, dauerhaft. Ausweitung der E. p. in Richtung auf eine sekundäre Impotenz sind dann nicht selten.

Ursachen dauerhafter Störungen sollen nach Masters und Johnson, die 1970 von 186 Patienten berichten, u. a. Verhaltensweisen von Prostituierten sein, welche vielfach auf rasche Erledigung des Koitus drängen. Eine E. p. ist hier gewünscht und wird von der Partnerin bekräftigt. Ähnlich kann vom Petting und der Masturbation behauptet werden, sie fördere die E. p. dann, wenn eine schnelle Ejakulation gewünscht wird. Auch relativ angstbesetzte Koitusversuche junger Leute, welche z. B. eine Entdeckung befürchten, begünstigen die rasche Ejakulation. Schließlich wird noch der früher verbreitete Koitus interruptus[76] als mögliche Ursache genannt.
Es muß deutlich angemerkt werden, daß die Bedingungsanalysen von Masters und Johnson unzulänglich sind. Es fehlen sogenannte Kontrollgruppen von interviewten Nichtpatienten. Vielleicht leiden Männer, die Erfahrungen mit Prostituierten sammeln, genau so oft oder genau so selten an E. p. wie andere Männer auch.
Die Therapie beginnt mit den oben beschriebenen allgemeinen Partnerübungen; im spezifischen Teil zielt sie auf allmähliches Erreichen einer Kontrolle über die Ejakulation hin. Die Frau stimuliert zunächst den Mann bis zur Erektion. Bei erfolgter Erektion wird kurz vor der Ejakulation eine sogenannte Squeeze-Technik[77] angewandt: Die Frau preßt mit der Hand den Penis in einer genau vorgeschriebenen Weise[78] für einige Sekunden, wodurch der Ejakulationsdrang des Mannes zurückgeht. Anschließend erfolgt eine erneute Stimulierung des Penis, erneutes Pressen usw. Der Mann erfährt so eine länger dauernde hohe Stimulation ohne Ejakulation, wodurch seine Angst allmählich abnimmt. Im nächsten Schritt erfolgt eine Einführung des Penis in die Vagina durch die Frau, die über dem Mann hockt. Die Squeeze-Technik wird bei Bedarf wieder angewandt, Koitusbewegungen werden anfangs zurückgehalten, allmählich aber nach Möglichkeiten des Mannes wieder stärker zugelassen. Am Ende üben die Partner in einer seitlichen Koitusposition, welche dem Mann die Kontrolle erleichtern soll. 181 oder 186 Klienten wurden so von Masters und Johnson nach ihren Kriterien erfolgreich behandelt. In 23 Fällen trat vorübergehend eine sekundäre Impotenz auf, weil sich die Partner wahrscheinlich sexuell überforderten.
Schnabl gibt (in Sigusch 1975) Ratschläge zur Behandlung der E. p., die in manchen Fällen wohl helfen können, z. T. aber auch fragwürdig sind: u. a. soll der Koitus möglichst häufig durchgeführt werden (ein zweiter Koitus dauert beim Mann regelmäßig länger als der erste); auch soll das Vorspiel möglichst ausgedehnt und die Frau nahe an den Orgasmus herangeführt werden[79], so daß sie nur eines kurzen Koitus bedarf (S. 82). Andererseits ist gerade ein langes Vorspiel oft Ursache einer situativen vorzeitigen Ejakulation infolge einer Übererregung des Mannes.
Um die Vielfalt der z. Zt. dem Psychologen möglichen Arbeitsweisen zu demonstrieren, sei hier eine persönliche Mitteilung von W. Belschner referiert, der u. a. mit der Behandlung von E. p. Erfahrung hat: Nach einer medizinischen Untersuchung, welche vorwiegend dem Zweck dient, die vom

Klienten vielfach angenommenen körperlichen Ursachen auszuschließen, wird die Bedeutung der Funktionsstörung für die Partnerbeziehung analysiert. Gelegentlich verweigern dabei Partnerinnen anfangs die Mitarbeit, weil E. p. einmal als individuelle »Erkrankung« des Mannes aufgefaßt wird und weil zum anderen das »Symptom« in subtiler Weise als »Waffe« gegen den Mann eingesetzt werden kann: z. B. bei Auseinandersetzungen wird er schnell als »Versager« mundtot gemacht.

In einigen Fällen wird die Störung bereits dadurch behoben, daß Unkenntnisse des Mannes über eine zureichende Stimulation der Frau beseitigt werden. Im allgemeinen aber zielt Belschner auf eine Erregungskontrolle ab, indem er den Erregungsverlauf deutlich strukturiert. Die Klienten erleben nach seinen Erfahrungen einen gradlinigen, steilen Erregungsanstieg ohne Plateaus, ohne wellenförmige Veränderung, so daß es praktisch nur zwei erlebte Erregungsgrade gibt: nicht erregt vs. maximal erregt.

Die kognitive Umstrukturierung lenkt von der Konzentration auf die Ejakulation als Ziel weg zu einem insgesamt lustvollen Körpererleben; sie versucht, die Erregungs-»Kurve« variabler zu gestalten – mit deutlichen Zwischenstufen. Dazu scheint ein bewußtes Training während der Masturbation nötig zu sein: in der Masturbation werden bestimmte Erregungshöhen beibehalten, erreichte Erregungshöhen vorübergehend verloren etc. So entstehen neue Körpergefühle, damit verbunden die Erfahrung einer Erregungskontrolle, einer Selbstkontrolle, die sogar auf Techniken wie das »Squeezing« verzichten kann.

8.3.3.2 Ejakulations-Inkompetenz (verzögerte Ejakulation, ejaculatio deficiens)

Die Ejakulations-Inkompetenz ist insofern das Gegenstück zur Ejaculatio praecox, als der Mann nicht in der Lage ist, in die Vagina zu ejakulieren. Situativ mag das Phänomen etwa nach großem Alkoholgenuß eintreten. Im Hintergrund von Dauerstörungen sind nach Masters und Johnson Beurteilungen der Vagina als unrein oder des Ejakulats als schmutzig und sündhaft anzutreffen. Diese Ängste sollen oft in religiöser Orthodoxie begründet sein. Gelegentlich wird auch eine Furcht vor Schwängerung der Partnerin angenommen. Diese Hypothesen sind wieder plausibel, aber wenig abgesichert.

Frauen erleben Ejakulations-Inkompetenz des Mannes oft als Zurückweisung, als negative Beurteilung ihrer Attraktivität. Allerdings können sie gelegentlich auch aus der Not eine Tugend machen, indem ihnen die lange Koitusdauer mehrere Orgasmen ermöglicht.

Die spezifische Behandlung stützt sich bei Masters und Johnson – nach den anfänglichen Übungen – auf forderndes Verhalten der Frau: sie soll möglichst effektive Stimulierungen bis zum Orgasmus versuchen. Was effektiv ist, bestimmt der männliche Patient. Für dieses Vorgehen werden oft Gleitcremes (moisturing-lotions) benötigt, um unangenehme Gefühle am Penis zu verhindern. Wenn erste Ejakulationen erreicht worden sind, findet im

nächsten Trainingsschritt kurz vor der Ejakulation eine vaginale Einführung statt; schließlich wird das »Vorspiel« immer mehr reduziert.
Von 17 Fällen wurden 14 erfolgreich behandelt (1970). Einer der drei Fehlschläge erklärt sich aus der völligen Ablehnung der Ehefrau durch den Patienten; ein anderer konnte seiner Frau einen Seitensprung, bei dem er sie in flagranti »ertappt« hatte, nicht verzeihen.
Vogt und Eicher (1977) therapieren ihre Patienten mit einem Masturbationstraining, das Elektrovibrationsgeräte zu Hilfe nimmt; bei 43 Behandlungen verzeichneten sie 38 Erfolge.

8.3.3.3 Impotenz

Impotenz liegt nach Masters und Johnson vor, wenn keine Erektion erzielt wird, die zur Einführung des Penis in die Vagina ausreicht (bei Homosexuellen in den Anus). Es wird zwischen primärer und sekundärer Impotenz unterschieden: bei der primären war noch nie ein Koitus möglich, bei der sekundären ist die Fähigkeit verlorengegangen. Diese Unterscheidung ist für die Behandlung ohne Bedeutung; in der Genese sind die Akzente etwas unterschiedlich und die Erfolgsaussichten sind bei sekundärer Impotenz etwas günstiger. Nach Cooper (in Kockott, S. 150 f.) sind Prognosen relativ günstig bei schlagartigem Auftreten der Impotenz, bei starker Zuneigung zur Partnerin und bei Kooperation derselben. Die Impotenz dürfte eine der negativsten Erfahrungen im männlichen Leben sein. Sie führt zu tiefen Minderwertigkeitsgefühlen; umgekehrt ziehen solche oft Impotenz nach sich. Die Partnerinnen erleben die Impotenz vielfach – irrtümlich – als Abwertung ihrer sexuellen Anziehungskraft.

Primäre Impotenz

Ursachen der primären Impotenz sehen Masters und Johnson z. B. in einer besonders orthodoxen religiösen Erziehung mit betonten sexuellen Verboten (die nach der Eheschließung z. T. von Geboten abgelöst werden). Es sind aber auch zahlreiche andere Besonderheiten in der Entwicklung anzutreffen, deren Zusammenhang mit der Impotenz plausibel erscheint. So spielen homosexuelle Erfahrungen mit Schuldgefühlen, besondere Abhängigkeiten von der Mutter, schlechte Ersterfahrungen mit Prostituierten, mißglückte Erstversuche unter starkem Alkoholeinfluß oder unter anderen Drogen eine Rolle. In der Regel sollen mehrere Faktoren zusammentreffen, so daß eine multiple Verursachung anzunehmen ist; ihre Folge ist eine starke Versagensangst. Im einzelnen sind die genannten Hypothesen wiederum nicht genügend gesichert.

Sekundäre Impotenz

Eine gelegentliche Impotenz – etwa als Reaktion auf ungewohntes und befremdendes Verhalten der Partnerin oder auf übermäßigen Alkoholgenuß

ist »normal«. Von einer behandelnswerten Störung sollte erst gesprochen werden, wenn Erektionsschwächen zur Regel werden.
Vielfach wurden bei der sekundären Impotenz ähnliche Bedingungen wie bei der primären herausgearbeitet; daneben sind aber einige Besonderheiten anzuführen: oft geht ihr eine Ejaculatio praecox voraus. Körperliche Erkrankungen begünstigen eine sekundäre Impotenz, z. B. Herzinfarkt, Diabetes mellitus (Zuckerkrankheit). Verschlungene, der Wissenschaft noch unbekannte Zusammenhänge bestehen allenthalben: so hat der Autor eine sekundäre Impotenz beobachtet, die exakt als Konsequenz einer plötzlich aufgetretenen Auto-Phobie einsetzte und ebenso exakt bei Heilung dieser Phobie mittels systematischer Desensibilisierung mit-behoben war. Besonders wichtig ist der Hinweis von Masters und Johnson, nach dem eine sekundäre Impotenz oft als jatrogene Krankheit einzustufen ist, d. h. als Krankheit, die auf ärztliche Maßnahmen zurückzuführen ist. Es soll vorkommen, daß Ärzte eine Potenzschwäche etwa als Folge früherer Masturbation oder homosexueller Erfahrungen geradezu suggerieren. Ferner wird sie oft als Alterserscheinung nahegelegt, wenn z. B. ein ängstlicher älterer Mann nach einmaligem Versagen den Arzt aufsucht, und das Phänomen auf das Alter statt auf situative Elemente zurückgeführt wird. Tatsächlich ist Impotenz in höherem Alter mehr als in der Jugend anzutreffen; sie wird von der Ausnahme aber erst durch ängstliche Erwartungen zur Regel. Nach Schnabl machen Erektionsstörungen 21% der sexuellen Probleme jüngerer Männer, aber 43% der Probleme der Männer über 50 aus. Ärzte, die von Patienten mit Sexualstörungen konsultiert werden, können gar nicht vorsichtig genug sein. Eine Behandlung unter sichtlichem Zeitdruck, in der dem Patienten kein offenes Ohr geschenkt wird, wirkt sich fast immer verhängnisvoll aus.

Therapie der Impotenz[80]

Ursachendiskussionen spielen in der modernen Therapie eine geringere Rolle als Laien gewöhnlich annehmen. Es ist bei einer Behandlung nicht immer nötig, daß man die Ursache der Störung kennt (auch bei sachgerechter Behandlung eines Beinbruchs ist es nicht nötig, zu wissen, daß der Patient die Treppe heruntergefallen ist). Die Behandlung sollte in jedem Fall mehr oder weniger explizit die Erwartungsangst des Betroffenen angehen.
Über entsprechende Vorgehensweisen mit systematischer Desensibilisierung bei Erektionsstörungen berichten Kockott et al. (in: Kockott 1977, S. 190).
Bei Masters und Johnson geschieht die Angstreduktion gezielt, wenngleich die hierzu bewährten Methoden der Verhaltenstherapie ihnen unbekannt waren. Zunächst wird die Erektion als unwillkürlicher Vorgang vorgestellt. Es gilt, die destruktive Selbstbeobachtung des Impotenten zu reduzieren. Die geschilderten Übungen zu Körpergefühlen (Kap. 8.3.2.2) spielen hier-

bei eine große Rolle. Sie machen den Mann zum aktiven Stimulator der Frau, was ihn von der Selbst- zur Fremdbeobachtung führt. Eine spezielle Technik (wie das »Pressen« bei der Ejaculatio praecox oder die fordernde Manipulation bei der Ejakulations-Inkompetenz) gibt es bei der Impotenz nicht. Es ist u. E. wichtig, zu unterstreichen, daß ein Mann selbst bei absoluter Impotenz in der Lage ist, eine Frau zu erregen und zu befriedigen, wenn auch nicht mittels eines Koitus, den viele Frauen auch gar nicht als unbedingt erforderlich erleben[81].

Sexuelles Spiel ohne Leistungsforderungen (s. das anfängliche Koitusverbot!) in relativ entspanntem Zustand ist das Mittel, das zum Erfolg führt. Wenn ein Mann eine Frau sexuell sichtlich erregt, wirkt das – nach Masters und Johnson – auf ihn erregend zurück. Hinzukommen die Möglichkeiten der Frau, ihn direkt zu stimulieren; Passivität einer Frau hat hingegen eher erektionsmindernde Auswirkungen. Erektionen stellen sich bei dieser Behandlung meist nach einer Woche ein. Mit dem Penis wird dann spielerisch das Auftreten und Verschwinden der Erektion geübt (teasing). Es folgt nichtfordernder Koitus mit der Frau-oben-Position und mit anfänglicher Kontrolle durch die Frau. Dadurch soll der Mann entlastet und ihm die Konzentration auf seine Lustgefühle ermöglicht werden. Mit allmählich erstarkendem Selbstvertrauen des Mannes nimmt dieser an der Kontrolle wieder teil. Die Erfolgsziffern beinhalten 1970 bei 32 Fällen primärer Impotenz 13 Fehlschläge, bei 213 Fällen sekundärer Impotenz 66 Mißerfolge. Diese Erfolgsquote liegt unter der für Ejakulationsstörungen.

U. E. könnte es möglich sein[82], auch bei der Impotenzbehandlung eine spezielle »Technik« zu berücksichtigen. Wie die Schlafforschung gezeigt hat, treten im Zusammenhang mit Träumen (den sog. REM-Phasen) regelmäßig Erektionen auf, also nicht nur bei Sexualträumen[83]. Sie sind Bestandteil eines Rhythmus, der nur geringe Beziehungen zu psychischen Prozessen zu haben scheint, wenngleich Angstträume die Erektion reduzieren und Sexualträume sie verstärken. Bei der ersten Formulierung des Vorschlags der folgenden Technik (vor etwa 10 Jahren) war es noch ungesichert, ob auch bei Impotenten Erektionen zu beobachten sind. Nach Jovanovic (1972) ist das der Fall, allerdings in geringerem Ausmaß als bei potenten Männern. Es müßte somit möglich sein, die Partnerinnen der Impotenten über diese physiologischen Vorgänge aufzuklären[84], welche den Betroffenen mit hoher Wahrscheinlichkeit unbekannt sein dürften. Die Partnerinnen müßten auf diese Erektion achten und sexuelle Spiele einleiten, in deren Verlauf dem bislang Impotenten seine Erektion »vorgeführt« wird. Allerdings sollte dieses Vorgehen nicht ohne die verschiedenen Möglichkeiten zur Angstreduktion eingeleitet werden.

8.3.4 Funktionelle Störungen bei der Frau

8.3.4.1 Frigidität oder Alibidinie

Wir wollen »Frigidität« mit Schnabl nicht mehr als Sammelbezeichnung für verschiedene Sexualstörungen der Frau benutzen, vor allem auch nicht für das regelmäßige Ausbleiben des Orgasmus, für das der Terminus »Anorgasmie« reserviert ist. Frigidität soll mit Alibidinie oder auch Hypolibidinie synonym sein, d. h. mit weitgehendem Fehlen sexueller Bedürfnisse. Sofern nicht von außen Erwartungen an diese Frauen herangetragen werden, zeigen sie kaum einmal einen Leidensdruck. Sie können einer wichtigen Funktion der Sexualität, der Fortpflanzung, vollauf genügen und gute Mütter sein. Eine »Behandlung« einer Frau ohne Leidensdruck ist wohl weniger angezeigt als ein informierendes Gespräch. Evtl. ist der Bedürfnismangel nur die Folge mangelhafter Erfahrungen oder unzweckmäßiger Verhaltensweisen des Partners, so daß dessen Aufklärung vordringlich ist. Manchmal ist auch die Abneigung gegen den Partner so stark, daß sie als Libidomangel erlebt werden kann; in anderen Fällen kann eine systematische Suche nach optimaler Stimulation (Kap. 8.3.2.2) bislang unterblieben und nachzuholen sein. So empfiehlt Bancroft (in Milne und Hardy) neben allgemeinen Versuchen zur Angstreduktion und neben Hormongaben auch ein Training in Masturbation und Körperbewußtheit, evtl. mit Hilfe von Vibratoren. Schließlich dürften auch einmal Informationen darüber, wie eine Frau auch ohne eigenes sexuelles Interesse eine befriedigende Partnerin sein kann, angebracht sein. Frauen in der Menopause erwarten vielfach ein Nachlassen sexueller Wünsche. Sollte sich diese Erwartung bestätigen, dann aber als Enttäuschung erlebt werden, ist eine hormonale Behandlung möglich (Masters und Johnson, S. 229). Psychische Faktoren spielen aber evtl. eine größere Rolle als hormonelle. Doch können Hormone Beschwerden reduzieren, und als Folge davon kann das verschüttete Sexualleben wieder aufleben.

Ein spezielles therapeutisches Vorgehen wird von Masters und Johnson nicht geschildert; der Libidomangel wird unter sekundäre Anorgasmie (s. unten) subsumiert.

Mandel et al. (1975) behandeln Libidomängel mit ihrer Kommunikationstherapie, die u. a. eine Integration von Verhaltenstherapie und Psychoanalyse versucht und auch Anregungen von Masters und Johnson berücksichtigt.

8.3.4.2 Anorgasmie

Anorgasmie bezeichnet das Fehlen eines sexuellen Höhepunkts, des Orgasmus bei der Frau – trotz vorhandener Libido. Es gibt keine direkte Entsprechung beim Mann[85]. In Schnabls Untersuchungen (in Kockott S. 62) hatten 9% der koituserfahrenen Frauen niemals, 36% selten einen Orgasmus beim Geschlechtsverkehr. Fast die Hälfte der Frauen ist also betroffen,

doch relativ wenige leiden darunter: nur 28% aller nie oder selten orgasmisch Reagierenden. Hier wirkt sich das lange Desinteresse an der weiblichen Sexualität aus, das u. a. in der Tatsache begründet ist, daß Frauen mit Sexualstörungen zur Fortpflanzung voll befähigt sind.
Von einer primären Anorgasmie kann man mit Masters und Johnson sprechen, wenn eine Frau nie einen Orgasmus erlebt hat[86], auch nicht durch Masturbation.
Zu den angegebenen Ursachen zählen u. a. orthodox-religiöse Erziehung, eine schlechte Sexualaufklärung (die z. B. Sexualverhalten als schmerzhaft darstellt), Mangel an Liebe zum Partner, Sexualstörungen beim Partner, Angst vor einer Schwängerung.
Von situativer[87] oder sekundärer Anorgasmie sprechen Masters und Johnson, wenn zumindest einmal *ein* Orgasmus erlebt worden ist. Die Autoren nehmen eine weitere Unterteilung in masturbatorische und koitale Anorgasmie sowie in eine Restgruppe vor, welche u. a. auch hypo- und alibidinöse Frauen umfaßt.
In der Genese der sekundären Anorgasmie spielen ähnliche Faktoren eine Rolle wie bei der primären. Ausdrücklich genannt werden aber auch homosexuelle Neigungen bzw. Erfahrungen. Die im Anschluß an die allgemeine Therapieeinleitung erfolgende spezielle Therapie sieht bei Masters und Johnson bestimmte nichtfordernde Manipulationen durch den hinter der Frau sitzenden Mann vor, darunter genitale Manipulationen unter weitgehendem Ausschluß der Klitoris. Im nächsten Schritt wird der Koitus in der Position eingeübt, in welcher zunächst die Frau oben ist und sich ganz auf den Penis in sich konzentrieren kann; sie spielt dabei gleichsam mit dem Penis. Schließlich wird der Koitus in der Seitenlage wie bei der Ejaculatio praecox durchgeführt.
Die Erfolgsquote beträgt etwas über 80% bei primärer und nur etwa 75% bei sekundärer Anorgasmie, eine auf den ersten Blick überraschende Relation, war doch auf Seiten des Mannes eine sekundäre Störung leichter zu beheben als eine primäre. Unter den sekundären Anorgasmien, die ohne Erfolg therapiert wurden, scheinen aber die hypo- und alibidinösen Frauen vertreten zu sein, welche nur zu 60% erfolgreich behandelt werden konnten. Auch McGovern et al. (1975) berichten von besonderen Schwierigkeiten mit sekundär anorgasmischen Frauen. Der Grund dafür dürfte sein, daß bei ihnen unglückliche Ehebeziehungen öfter eine Ursache der sexuellen Probleme bilden als umgekehrt.
Lobitz und Lo Piccolo haben die Anorgasmietherapie wesentlich geändert. Man kann ihnen das Verdienst zusprechen, die Behandlung der Anorgasmien verbessert zu haben. Eine zentrale Rolle in ihrem Vorgehen spielt die Masturbation, die sich somit als »außerordentlich wirkungsvolles Mittel zur Behandlung der primären Orgasmusstörungen bei der Frau« erweist (in Kockott, S. 245).
Durch Masturbation können Frauen lernen, einen Orgasmus zu erreichen; sie ist also gerade für primär anorgasmische Frauen relevant. Orgasmusfä-

hige Frauen geben häufig an, am leichtesten durch Masturbation den sexuellen Höhepunkt zu erreichen. Im allgemeinen tritt der Orgasmus bei Masturbation auch regelmäßiger und intensiver als beim Koitus ein (Masters und Johnson, 1967). Diese Tatsachen dienten als Grundlage für ein Masturbationsprogramm von neun Schritten, das insgesamt in eine Therapie nach der Art von Masters und Johnson eingebettet wird. Vorweg müssen zumeist negative Einstellungen zur Masturbation abgebaut werden. Dabei kann es nötig sein, daß der Therapeut von eigenen Masturbationen spricht, sich also stark in die Therapie einbringt – quasi als Modell. Die Autoren nennen aber als eigentlich ersten Schritt sodann die Förderung einer positiven Einstellung zum eigenen Körper; dazu gehört das Betrachten der eigenen Geschlechtsteile. Im zweiten Schritt werden die eigenen Genitalien mit den Fingern »untersucht«, ohne sexuelle Erregung anzustreben. Erregungssuche macht erst den dritten Schritt aus; regelmäßig erweist sich dabei die Klitoris als Ort stärkster Empfindungen. Im vierten Schritt soll die Klitoris bis zum Orgasmus gereizt werden. Gelingt das nicht relativ leicht, wird als fünftes die Instruktion gegeben, sich intensiv und dauerhaft zu reizen (zeitlich bis zu 45 Min.). Erregungssteigerungen werden notfalls über Phantasien, Lektüre und Bilder versucht. Bleibt auch dieses Vorgehen erfolglos, wird im sechsten Schritt ein Vibrator zu Hilfe genommen. Vibratoren gelten als sehr wirkungsvoll zur sexuellen Stimulation. Im »schwierigsten Fall waren drei Wochen mit täglich 45 Min. Vibratormasturbation« zur Erzielung eines Orgasmus nötig (S. 251).
Andererseits regen die Autoren ihre Patientinnen bei besonderen Schwierigkeiten auch zur Simulation des Orgasmus beim Koitus an, um evtl. Scham vor dessen Merkmalen (wie unartikuliertes Schreien) zu reduzieren. Der Partner ist über diese Simulation informiert.
Wenn erstmals ein Orgasmus erlebt worden ist, muß der Ehepartner im siebten Schritt bei der Masturbation zuschauen, um im achten Schritt diese selbst bei der Partnerin durchzuführen. Letzter und neunter Schritt ist der Transfer des Gelernten auf den Koitus.
Die Zahl der behandelten Fälle ist nach der hier zitierten Veröffentlichung noch gering, nämlich 8. In allen Fällen war ein Erfolg zu verzeichnen. Ein vergleichbares Vorgehen beschreibt z. B. Reisinger (1974).
Barbach hat in Frauengruppen ein Masturbationstraining auch ohne Partner durchführen lassen. Nach Serber (in Kockott, S. 256) kann in Extremfällen die Benutzung von Videorecordern eine Hilfe sein: eine Frau konnte der Instruktion des Masturbationsprogramms nur oberflächlich genügen. Mit Hilfe einer Videoaufzeichnung war eine konstruktive Kritik an ihrem Verhalten möglich.
Lazarus (in: Kockott 1977, S. 175 ff.) berichtet über systematische Desensibilisierung bei »frigiden«, in unserem Sinne eher anorgasmischen Frauen; ein ähnliches Vorgehen schildert auch Harrison in Kraiker (1974).

8.3.4.3 Vaginismus

Unter Vaginismus oder Scheidenkrampf wird ein reflexartiger Verschluß der Vagina verstanden, der den Koitus (fast) unmöglich macht. In der Vorgeschichte finden sich extreme orthodox-religiöse Einstellungen, die z. B. auch das Betrachten und Berühren des eigenen Körpers oder eine Aufklärung über Menstruation verbieten und als einzigen Zweck des Koitus die Fortpflanzung akzeptieren. Zum Vaginismus können auch sexuelle Traumata führen wie Vergewaltigungen – zumal bei jüngeren Mädchen. Schließlich seien Schmerzempfindungen beim Koitus (Dyspareunie) als Vorstufe zum Vaginismus genannt.

Neben der üblichen Angstreduktion gilt als wichtiger früher Therapieschritt die Aufklärung über den reflexhaften Ablauf und über die Konditionierung der Störung. Viele Betroffenen sind sich der Spasmen nicht bewußt. In der Therapie werden Hegar-Stifte (Dilatoren, d. h. Metallstifte verschiedener Dicke) benutzt. Der männliche Partner soll sie unter Mithilfe der Frau einführen. Die größeren Stifte werden schließlich mehrere Stunden in der Vagina belassen. In wenigen Tagen pflegen die Spasmen sich zu verlieren.

29 Patientinnen behandelten Masters und Johnson bis 1970. Alle wurden vom Vaginismus befreit; für viele war damit zugleich eine Anorgasmie behoben; drei allerdings blieben anorgasmisch.

8.3.4.4 Dyspareunie

Wenn beim Koitus immer wieder schmerzhafte Empfindungen auftreten, spricht man von Dyspareunie. Es ist verständlich, daß sie in der Regel mit einer Anorgasmie einhergeht und zu heftiger Angst bzw. zu Ekelgefühlen vor dem Koitus führen kann. Dyspareunien sind oft körperlich begründet, doch sind entsprechende Entzündungen, Vernarbungen etc. gelegentlich sehr schwer auszumachen. Craig gibt Operationen vielfach die Schuld von Dyspareunien, z. B. der Hysterektomie (Gebärmutteroperation). Nur wenn eine körperliche Beeinträchtigung ausgeschlossen werden kann, empfiehlt sich die gleiche Behandlung wie bei der Anorgasmie. Gesonderte Erfolgsquoten liegen u. W. nicht vor.

8.4 Kritik an Masters und Johnson

Die Leistung von Masters und Johnson wird fast überall anerkannt. Das schließt Detailkritik nicht aus.

Zunächst sind die Unkosten, welche für die Paare anfallen, die sich in das sanatoriumsartige Milieu begeben, sehr hoch. Es wäre wünschenswert, daß auch ambulant eine Behandlung von funktionellen Sexualstörungen möglich wird. Über leidlich erfolgreiche ambulante Therapien berichten z. B. Kockott et al. (in Sigusch S. 52) und Arentewicz et al. (in Schorsch und Schmidt).

Verhaltenstherapeuten müssen Masters und Johnson auch den Vorwurf machen, daß sie allzu einheitlich verschiedenste Störungen behandeln, daß also keine Verhaltensanalyse im besten Sinn des Wortes erfolgt. Der Bericht von Masters und Johnson macht den Eindruck, als würde z. B. jede Anorgasmie ohne Rücksicht auf die verschiedenen Variationsformen gleich behandelt.

Gelegentlich stehen Masters und Johnson auch im Widerspruch zu Ratschlägen anderer erfahrener Sexualberater; Masters und Johnson halten z. B. eine direkte Klitorisreizung nicht für angeraten.

Besondere Schwierigkeiten sieht die Kritik auch in der Forderung nach einem Therapeutenpaar. Offensichtlich sind hier Abstriche möglich.

Die Kritik hat mancherorts zu Weiterentwicklungen geführt, die wir z. T. oben bereits referiert haben (s. Barbach, Lobitz und Lo Piccolo, McCarty, Prohaska, Reisinger, um nur einige Beispiele zu nennen).

8.5 Sexuelle Devianz

Unter sexueller Abweichung oder Devianz versteht Kockott (1977, S. 46) mit Marks den sexuellen Drang nach einem ***unüblichen*** Sexualobjekt bzw. nach einer unüblichen sexuellen Stimulierung. Deviant[88] ist (im Sinne einer *statistischen Norm*), wer im Sexualbereich *gewohnheitsmäßig*[89] Seltenes tut. Noch einmal: in unserer Kultur kann Homosexualität als deviant gelten, für die Männer der gehobenen Schicht Athens zur Zeit Platos war Homosexualität »normal«.

Schorsch (1975, S. 50) möchte ähnlich festlegen, daß Deviation nur eine Feststellung auf der Verhaltensebene sei – sonst nichts; ein Devianter verhält sich nur anders als die meisten anderen Menschen. Wir möchten dem gerne folgen, können es aber nicht mit voller Überzeugung. Erstens wird nicht alles Seltene tabuisiert. Der Handkuß ist bei uns selten; ein Mann, der ihn vielfach anbringt, wird allenfalls belächelt, aber nicht entrüstet abgelehnt; zweitens werden immer wieder als deviante Verhaltensweisen solche angeführt, die recht eindeutig auch von relevanten Bezugspersonen abgelehnt, abgewertet werden, die gegen Idealnormen verstoßen. Wer Sexualmord, Vergewaltigung und Exhibitionismus in der einen Zeile als Devianzformen erwähnt und in der nächsten Zeile die Homosexualität anführt (Schorsch, S. 22), kann nicht erwarten, daß »Devianz« lediglich ein Verhalten beschreibt. Der Name enthält oder ergibt dann immer auch eine Abwertung. So war es, und es ist nicht abzusehen, daß es anders werden könnte.

Jede Devianz ist – wie schon S. 57f. für Hetero-, Bi- und Homosexualität erläutert, eine Dimension ohne feste »Schubladen«-Einteilung. Z. B. gilt Exhibitionismus als eine Form von Devianz. An dem einen Pol der Dimension »Exhibitionismus« stehen die Männer, die ihren Penis fremden Frauen an einsamen Plätzen überraschend präsentieren, am anderen Pol solche

Männer, die auch beim ehelichen Koitus schamvoll bekleidet bleiben; irgendwo dazwischen die anderen, die etwa im Liebesspiel ihr Genitale der Partnerin vorführen.

Devianz wird umso mehr zum Problem, je negativer eine Kultur sexuellem Verhalten gegenübersteht. Erwiesenermaßen kann nichts total unterdrückt werden. Aber etwas, was für tabu erklärt wird, wird relativ selten und erhält im Ausführungsfall dann sofort den Stempel der Devianz, gegen die Sanktionen bis hin zur strafrechtlichen Verurteilung eingesetzt werden.

Eine Einteilung der Deviationen in Anlehnung an Schorsch (1975, S. 51)[90] unterscheidet Deviationen hinsichtlich der Praktik und hinsichtlich des Partners.

1. Deviationen bezüglich der Praktik: Hierher gehören als wichtigste Erscheinungsformen Exhibitionismus, Voyeurismus, Sadismus und Masochismus.
2. Deviationen bezüglich des Partners: Hier sind vornehmlich Homosexualität, Pädophilie, Sodomie und Fetischismus zu nennen.

In dieses Schema paßt eine 3. Gruppe, die der Transsexuellen, nicht.

Von Schorsch an dieser Stelle nicht aufgeführt sind die sexuellen Straftäter mit Notzuchtdelikten und Sittlichkeitsdelikten gegen Kinder[91]. Wir sollten sie in einer besonderen 4. Gruppe der aggressiven Sexualdelinquenz zusammenfassen, für die eine gesellschaftliche Toleranz schwer vorstellbar ist. Eine Grenzziehung zu den anderen Gruppen ist – wie immer – nicht prägnant möglich; besondere Fälle von Sadismus können z. B. sowohl der 1. wie auch der 4. Gruppe zugeordnet werden.

Wir wollen von vorwiegend oder ausschließlich körperlichen Abweichungen von der Norm – wie etwa den Hermaphroditen – absehen (Näheres dazu in Money, 1969).

8.5.1 Erscheinungsweisen

8.5.1.1 Exhibitionismus

Exhibitionisten verschaffen sich sexuelle Erregung und evtl. Befriedigung durch Vorzeigen ihrer Genitalien gegenüber Fremden in der Öffentlichkeit. Von ihrer Neigung zu exhibitionieren werden sie vielfach geradezu überfallen, d. h. ihr Erleben und Verhalten wird zwanghaft.

Zumeist verhalten sich *Männer* exhibitionistisch; es ist allerdings möglich, in den Striptease-Tänzerinnen eine weibliche Form des Exhibitionismus zu sehen (diese bleibt aber meist von sexueller Erregung und Befriedigung weit entfernt). Exhibitionisten sind eher jüngere als ältere Männer; oft sind sie biedere Familienväter, die so aus ihrem Alltag ausbrechen; zumeist sind sie harmlos und nicht-aggressiv. Viele Schilderungen des Exhibitionismus betonen die ausgeprägten sozialen Ängste. Ein Geschlechtsverkehr wird bei der Exhibition gar nicht angestrebt; die entsprechende Bereitschaft eines Opfers ist also unerwünscht; vielmehr wird eine Furchtreaktion erwartet.

8.5.1.2 Voyeurismus

Nach der äußeren Erscheinung ist Voyeurismus das Gegenteil des Exhibitionismus. Voyeure gewinnen sexuelle Erregung beim heimlichen Beobachten von sich entkleidenden Personen, von Sexualorganen bzw. sexuellen Intimitäten. Vielfach wird durch gleichzeitige Masturbation eine sexuelle Befriedigung angestrebt. Wiederum sind vorwiegend jüngere Männer als Voyeure aufgefallen. Sie versuchen, in fremde Schlafzimmer zu schauen, klettern auf Balkons, bohren Löcher in Wände etc. Eine Striptease-Vorführung bietet ihnen keinen vollwertigen Ersatz. Eine direkte sexuelle Kontaktaufnahme mit dem Beobachteten, eine Teilnahme an beobachteten Aktivitäten ist in der Regel auch nicht beabsichtigt; Voyeure wollen anonym im Hintergrund bleiben. Nach Schorsch (1975, S. 55) kommen Voyeurismus und Exhibitionismus häufig gemeinsam vor. Es darf aber bezweifelt werden, daß – wie Schorsch gemeinsam mit Becker behauptet (S. 110) – z. B. die Beobachtung des elterlichen Geschlechtsverkehrs in der Kindheit eine Ursache des Voyeurismus ist. Für diese plausibel anmutenden, recht kurzschlüssigen »Erklärungen« fehlen Beweise.

8.5.1.3 Sadismus und Masochismus[92]

Während Sadisten in der völligen Beherrschung der Partner (evtl. in Form von Schmerzzufügung und Demütigung) sexuelle Erregung und Befriedigung gewinnen, ziehen Masochisten aus dem völligen Unterordnen (evtl. dem erlittenen Schmerz und der Demütigung) ihren Lustgewinn. Beide Gruppen ergänzen sich somit. Sadisten und Masochisten treten daher oft in einem »Zusammenspiel« mit zueinander komplementären Rollen (Sado-Masochismus) wie z. B. Herrin und Sklave auf. In den Arrangements dominiert das Fiktive, die Phantasie. In einem solchen Arrangement nimmt selten jemand Schaden. Zugriffe auf Fremde und brutale Gewaltanwendungen (z. B. Lustmorde) sind sehr selten. Die Pornographie der letzten Jahre, die u. a. zunehmend brutalere Szenen bringt, schafft ein falsches Bild vom Sado-Masochismus.

8.5.1.4 Homosexualität

Im letzten Jahrzehnt haben die Homosexuellen sich eine gewisse Aufwertung erkämpfen können. Im (west)deutschen Strafrecht ist der berühmte § 175, der gegen Homosexuelle gerichtet war, gefallen. In der breiten Öffentlichkeit sind aber die Vorurteile gegen die Homosexuellen wohl kaum geringer geworden. Männliche Homosexuelle sind besonders davon betroffen[93]. Sie gelten als feminin, weich, labil, krank etc. Als sexuelles Verhalten wird ihnen lediglich Analverkehr unterstellt (s. aber S. 57). Zwischen eindeutig homo- und eindeutig heterosexueller Ausrichtung gibt es nahtlose Übergänge (Kap. 5.7), in deren Mitte etwa die Bisexuellen stehen. Insofern können wir sagen, wir sind alle mehr oder weniger homosexuell. Heterosexualität überwiegt aber eindeutig: nach Kinsey et al. sind nur 4% der amerikanischen Männer ziemlich ausschließlich homosexuell.

8.5.1.5 Pädophilie

Pädophil sind Erwachsene, deren Sexualobjekt Kinder sind. Nach Potrykus und Wöbcke (1974) ist der Koitus zwischen Erwachsenen und Kindern relativ selten. Es herrschen falsche Vorstellungen in der Öffentlichkeit über Sittlichkeitsdelikte an Kindern. Was naiv mit Koitus gleichgesetzt wird, ist oftmals nur eine den genitalen Bereich einschließende Zärtlichkeit nach Art des Petting. Größere Schäden entstehen meist erst durch die gehäuften Befragungen im Umfeld von Gerichtsprozessen.

Es hat Zeiten gegeben, in denen es als durchaus normal akzeptiert war, pädophile Regungen zu zeigen bzw. Kinder als Sexualobjekte anzusehen. Shakespeares Julia »ist noch nicht 14«. Die sexuelle Stimulation kennt keine Altersgrenze. Fotos von nackten kleinen Mädchen erregen viele Männer (Schorsch 1975, S. 61); »Lolita« hat eine Millionenauflage erlebt. Mit Schorsch ist daher zu fragen: Wie kommt es, daß die meisten Menschen *nicht* Kinder als Sexualpartner suchen, statt zu fragen: Welche Persönlichkeitsabnormität begründet sexuelle Kontakte zu Kindern? Wer, wie berufliche Erzieher, viel mit Kindern verschiedenen Alters zu tun hat, erlebt deren erotische Möglichkeiten besonders oft. Gehäuft fallen jene älteren Männer durch pädophile Neigungen auf, deren Interesse an der Ehefrau nachgelassen hat.

Wieder einmal gibt es keine scharfe Grenze zwischen normalem und deviantem Verhalten. Warum steht ein Geschlechtsverkehr mit einem körperlich schwach entwickelten 16jährigen Mädchen nicht unter Strafandrohung, der mit einer stark entwickelten 15jährigen aber doch? Schorsch plädiert dafür, nur bei zwei Voraussetzungen pädophile Neigungen zu beachten:

1. Wenn Kinder vor der Pubertät[94] als Sexualobjekt betrachtet werden und
2. bei ausschließlicher Spezialisierung auf Kinder.

8.5.1.6 Sodomie

Sodomie wird die sexuelle Beziehung zwischen Mensch und Tier genannt.[95] In der Landbevölkerung ist sie nach Kinsey et al. gehäuft anzutreffen (8% der männlichen Befragten), allerdings wohl nur als Ersatzbefriedigung, die gewöhnlich Durchgangsstadium bleibt.

8.5.1.7 Fetischismus

Fetischisten brauchen bestimmte »Objekte« (Körperteile wie Haare, Füße oder Gegenstände wie Strümpfe, Schuhe) und das Agieren mit ihnen als sexuelle Anregungs- und Befriedigungsmöglichkeiten.

Die Grenzen zum Üblichen (wie Haarstreicheln, Erregung durch Unterwäsche) ist einmal mehr völlig unscharf. Nicht immer ist die Entstehung der Objekte aus dem Umfeld sexueller Handlungen leicht nachvollziehbar. Jeder Gegenstand scheint zum Fetisch werden zu können: In der psychologischen Literatur wurde z. B. der von Raymond (1956) behandelte Fall

eines Mannes berühmt, auf den Kinderwagen und Handtaschen eine besondere Faszination ausübten.
Schorsch subsumiert Nekrophilie[96], sexuellen Narzißmus[97] und Transvestitismus[98] (als generalisierten Kleiderfetischismus) unter Fetischismus. Transvestiten sind von Transsexuellen zu unterscheiden (s. unten).

8.5.1.8 Transsexualismus

Transsexuelle sind Menschen, welche voll dem anderen Geschlecht angehören möchten. Dementsprechend tragen sie nicht nur dessen Kleidung, sie streben auch eine körperliche Geschlechtsumwandlung an, die operativ und hormonell vorgenommen werden kann.

8.5.1.9 Sexuelle antisoziale Delinquenz

Unter den Sexualdelinquenten gibt es einige Gruppen, so die Voyeure und Exhibitionisten, die allenfalls einen recht geringen Schaden anrichten, der durch geeignete Aufklärung noch weiter reduziert werden könnte. Als Aggression, als Schädigung anderer somit, müssen aber die Vergewaltigungsdelikte und jene sadistischen Taten gesehen werden, die nicht auf ein spielerisches Arrangement beschränkt bleiben, ebenso ein Teil der gegen Kinder gerichteten sexuellen Handlungen. Die Tatsache, daß erst seit 1969 »einfache« männliche Homosexualität in der Bundesrepublik Deutschland nicht mehr als Straftat gilt, sollte auch hier sensibel machen für Normen und deren Wandel.

8.5.2 Zur Entstehung devianten Verhaltens

Es ist nicht möglich, die Erscheinungsformen devianten Verhaltens befriedigend zu erklären. Die Hypothese, daß deviantes Verhalten – wie alles komplexe Verhalten erwachsener Menschen – erlernt ist, setzt sich aber immer mehr durch, dementsprechend eine Betonung der einzelnen Lernprinzipien. Konstitutionelle Faktoren verlieren dagegen in den theoretischen Erwägungen an Bedeutung.
Nach Gambrill (1977) sind männliche Transvestiten als Kinder vielfach in Mädchenkleider gesteckt worden. McGuire et al. (1977, S. 261) greifen den Gedanken einer Prägung auf; das prägende Erlebnis, etwa die Verführung durch einen Homosexuellen, macht aber nicht den ganzen Lernprozeß aus, sondern liefert evtl. nur Material für spätere Masturbationsphantasien. Die Autoren geben dazu passende Falldarstellungen, die u. a. Exhibitionismus, Voyeurismus und Homosexualität umschließen. Der Voyeur etwa, den sie beschreiben, erfährt bei seiner völlig frigiden Frau keine sexuelle Befriedigung. Eines Tages sieht er, wie sich eine Frau in der Wohnung gegenüber entkleidet. Die dabei eintretende Erregung ist gewiß zunächst »normal«. Er beginnt aber von diesem Zeitpunkt an voyeuristische Aktivitäten mit Masturbation. Ein Interesse an Striptease-Shows oder an Nudistenfilmen zeigt er nicht.

Von Rachmann gibt es ein Beispiel, welches lernpsychologische Gedanken drastisch stützt. Er hat in einem Prozeß klassischen Konditionierens, in dem er Männern ein Bild mit Damenstiefeln zeigte, bevor er ihnen Aktbilder projizierte, diese Stiefel zu Fetischen aufgebaut, deren Anblick allein schließlich erektive Penisreaktionen auslöste (mit sog. Penisplethysmographen gemessen). Die bei Lernprozessen zu erwartenden Generalisierungen (z. B. auf einfachere Schuhe) traten ein, ferner war eine »therapeutische« Löschung möglich.

8.5.3 Therapien der Devianz

Wer Devianz als erlernt ansieht, wird sie – wenn überhaupt – mit lernpsychologisch fundierter Therapie angehen wollen. Tatsächlich hat die Verhaltenstherapie eine große Zahl von speziellen Verfahren entwickelt. Nur ein Teil davon sei knapp skizziert: Wer mittels Masturbationsphantasien seine Devianz »aufgebaut« hat, kann sie durch Änderung der Phantasie kurz vor dem Orgasmus (Marquis 1970, McGuire et al. 1977) umkonditionieren. Bei Abel und Blanchard, Lo Piccolo et al., Gambrill u. a. nimmt das orgasmische Konditionieren oder Masturbationskonditionieren insgesamt eine zentrale Rolle ein.

Wo Ängste dominieren, so bei einigen Homosexuellen (sogenannte »Hemmungshomosexualität«, Kockott 1977, S. 76) mit starker Angst vor Frauen oder bei Exhibitionisten ist an eine systematische Desensibilisierung zu denken (z. B. Bond und Hutchison 1977, S. 275).

Umstritten sind die Aversionstherapien. In einer Aversionstherapie wird mit unangenehmen Reizereignissen, z. B. einem elektrischen Stromschlag, mit körperlicher Übelkeit etc. gearbeitet. Deviantes Verhalten wird – m. a. W. – bestraft; in der mildesten Form, der »verdeckten Sensibilisierung«, gibt es die Strafreize lediglich in der Phantasie des Patienten.

Wenn der Leidensdruck groß ist und wenn eine Alternative nicht besteht, kann eine Aversionstherapie die ultima ratio sein. Die Aversionstherapie ist aber nicht zuletzt durch manchmal bedenkenlose Anwendung bei Homosexuellen in Verruf gekommen. Statt über den Sinn der Kriminalisierung homosexueller Tendenzen nachzudenken und/oder bei den Betroffenen auf ein selbstbewußtes Akzeptieren des eigenen Erlebens und Verhaltens hinzuarbeiten, wurde ohne differenzierte Diagnose hemdsärmelig homosexuellen Männern Angst und Ekel vor männlichen Aktfotos und – so gut es ging – Zuneigung zu weiblichen Aktfotos andressiert. Die Erfolge waren zweifelhaft. Dannecker weist alle Therapien Homosexueller – nicht nur Aversionstherapien – entrüstet zurück (in Sigusch S. 226). Sie bringen dem Homosexuellen kein Verständnis entgegen, sondern ordnen ihn von Anfang an als behandlungsbedürftig ein. Vorteilhaft wäre eine differenzierte Betrachtung der Homosexualität: bei der Hemmungshomosexualität, bei der mehr die Angst vor der Frau als die Zuneigung zum Mann dominiert, ist ein Umkonditionieren eher zu verantworten.

Als ebenso umstritten – wenngleich aus anderen Gründen – müssen bestimmte andere medizinische Therapien bei verschiedenen Devianzformen angesehen werden. Sie reichen von Hormontherapien (Antiandrogen), die das sexuelle Interesse dämpfen, aber nicht die sexuelle Ausrichtung ändern (Kockott 1977, S. 62) bis zur Kastration, die vorwiegend bei Delinquenten diskutiert wird, und bis zu stereotaktischen Gehirnoperationen, bei denen Teile des Zwischenhirns gezielt ausgebrannt werden. Operationen sind nicht rückgängig zu machen; die Kontrolle ist bislang unbefriedigend; Erfolge sind fragwürdig (zur Kritik s. Rieber et al. 1976). Mißbrauch der Hormontherapien schildert Petri (in Sigusch 1975, S. 210): z. B. wurden 6jährige Mädchen wegen ihrer Masturbationen behandelt!

Kastration und Hirnoperation gehen von der vereinfachten Annahme aus, menschliche Sexualität sei rein physiologisch erklärbar. Es gibt aber kein Sexualzentrum, auch wenn sexuelles Verhalten durch bestimmte Operationen qualitativ und quantitativ beeinflußt werden kann. Nach Kastrationen bleibt gelegentlich die Libido erhalten (Schorsch und Schmidt, S. 35). Die gleichen Operationen haben auch unerwünschte andere Wirkungen (sogenannte Nebenwirkungen), die mit ihren Konsequenzen nicht vorhersagbar sind.

Das Resumé über die Therapie devianten Verhaltens ist kaum positiv. Mit dem lernpsychologisch durchdachten Abbau unangemessenen und dem gleichzeitigen Aufbau angemessenen Verhaltens ist u. E. eher eine Hilfestellung möglich als mit rascheren medizinischen Eingriffen. Der Exhibitionist z. B. pflegt stark verunsichert und ängstlich, auch sexuell enttäuscht zu sein. Meist fehlen ihm Fertigkeiten in der Anknüpfung sexueller Kontakte; oft hat er sich über Masturbationsphantasien in seine Außenseiterstellung gebracht. Es fehlt ihm an Verständnis durch andere, und er versteht sich selbst nicht. Eine psychologisch begründete Hilfe ist denkbar, aber fast immer zeitraubend; eine rasche »Hilfe«[99] vermittels einer Operation wird häufig erörtert, ist aber immer fragwürdig.

9 Schlußbemerkungen

Unsere Darstellung zielte auf eine erste Information über einen widersprüchlichen und unausgereiften Bereich der Sozialwissenschaften, die Sexualforschung. Wie schon in der Einleitung betont, war es nicht unser Ziel, die biologischen Fakten darzustellen. Hier herrscht auch kein Mangel. Die Biologie der Sexualität ist vergleichsweise gut erforscht und in verschiedenen Kompendien ausführlich dargestellt. Wir sehen das Problem der Sexualwissenschaft in dem Fehlen einer Psychologie der Sexualität. Wir haben versucht, das eine oder andere zu diesem Thema darzustellen: wenn der Eindruck des Bruchstückhaften erweckt wurde, so spiegelt dies den Stand der Sexualforschung wider.

Wir haben das Problem einer angewandten Psychologie der Sexualität gestreift, es konnte nicht unsere Aufgabe sein, einen Therapieleitfaden zu verfassen. Es gibt zwar eine Reihe recht praktikabler Manuale, ihnen ist aber gemeinsam, daß sie nicht von einer einheitlichen Theorie der menschlichen Sexualität ausgehen, sondern in ihren theoretischen Argumentationen kaum zu vereinbarende Standpunkte wie Psychoanalyse, Gestalt- und Verhaltenstherapie unkritisch durcheinanderwerfen. Nochmals sollte aber betont werden, daß insbesondere aufgrund der großen Erfahrungen ihrer Autoren sich diese Bücher als gute Therapieleitfäden bewähren.

Falls sich, was gelegentlich vorkommt, Psychologen mit der menschlichen Sexualität auseinandersetzen, so erwecken sie den Eindruck, als ginge es ihnen mehr um die Erweiterung des empirischen Gehaltes sozialpsychologischer Theorien als um eine explizite Erforschung des Sexualverhaltens selbst. Für diese These finden sich in unserem Buch einige markante Beispiele (vgl. Kap. 4).

Fachpsychologen erforschen Sexualität sozusagen nur am Rande. Daneben hat sich im letzten Jahrzehnt so etwas wie eine eigenständige Sexologie etabliert. Die Misere dieser Wissenschaft kann nach Gagnon und Simon (1973) dahingehend zusammengefaßt werden, daß kein wirklicher Fortschritt erzielt wird, weil die einzelnen Autoren einander vielleicht zitieren, aber nicht wirklich Wissen kumulieren, sondern stets wieder mit einem völlig neuen Ansatz am Nullpunkt beginnen. Das eklatanteste Beispiel bildet nach Gagnon und Simon die Tatsache, daß der Ansatz von Kinsey und Mitarbeitern keine wirklichen Nachfolger fand. Es wäre höchst wichtig und für eine auch historisch orientierte Sexualwissenschaft unabdingbar, etwa festzustellen, wie sich die von Kinsey ermittelten Fakten auch im weiteren Verlauf der geschichtlichen Entwicklung veränderten. Stattdessen stehen die Werke von Kinsey und Mitarbeitern als Klassiker im Schrank und jede Befragung über die Intimsphäre (z. B. Hite, Schnabl) fängt mit neuen, zumeist schwächeren Methoden und neuen, zumeist noch engeren Fragestellungen wieder von vorne an.

Wahrscheinlich ist dieser desolate Zustand der Sexualforschung auch durch die noch immer nachwirkende Tabuisierung dieses Bereiches bedingt. Da aber fruchtbare Sozialwissenschaft nur durch Kooperation und durch »Aufeinander-Aufbauen« gedeihen kann, liegt die Sexualforschung im argen.
Insgesamt operiert die Sexualwissenschaft noch viel zu sehr mit Allgemeinplätzen und Vermutungen statt mit gesicherten Fakten. Es gibt zwar die großartige Ausnahme von Masters und Johnson, aber sonst fehlt fast vollständig die direkte Beobachtung menschlichen Sexualverhaltens. Und auch die Bücher von Masters und Johnson lassen den Psychologen letztlich unbefriedigt, denn über das Erleben der Versuchspersonen erfahren wir sehr wenig. Zudem fand das Werk von Masters und Johnson keine Fortsetzung in größerem Umfang; z. B. wurde in Deutschland am Hamburger Institut für Sexualforschung damit begonnen, einzelne Aspekte des Sexualverhaltens im Anschluß an Ergebnisse von Masters und Johnson experimentell zu untersuchen: nach unseren Informationen war das Programm aber zeitlich begrenzt und ist jetzt beendet. Daß wir unter diesen Bedingungen von einem »Ethogramm«, d. h. einer Auflistung aller möglichen menschlichen Sexualverhaltensweisen weit entfernt sind, liegt auf der Hand. Wenn das Diktum von Gagnon und Simon, nach dem wir in jedem billigen pornographischen Film über menschliche Sexualverhaltensweisen mehr lernen können als aus einer wissenschaftlichen Abhandlung, in seiner vollen Schärfe heute vielleicht nicht mehr ganz gilt, so bleibt doch festzuhalten, daß weder das »Kamasutra« noch die »Josephine Mutzenbacher« durch die Sexualwissenschaft überholt wurden. Der großartige Entwurf von Ford und Beach, die 1951 ein Kompendium des damals sehr dürftigen Wissens um die Sexualität schrieben, blieb ohne Nachfolger.
Neben diesen Problemen, die kennzeichnend für die Sexualwissenschaften im engeren Sinne sind, ist die Sexologie als Sozialwissenschaft auch von den generellen Fragwürdigkeiten einer je besonderen Wissenschaft vom Menschen mitbetroffen.
Der Mensch als ein Geschichte produzierendes und unter Geschichte leidendes Wesen wird auch von der Sexualforschung sehr oft auf den vorfindbaren Oberflächentypus reduziert. So ist es gerade für die Wissenschaft vom menschlichen Sexualverhalten bedeutsam, daß dieses Verhalten sich im Laufe selbst recht kurzer Perioden radikal verändern kann.
Alle Lebensäußerungen der Menschen sind »kulturfähig«. Die Kultivierung des Sexuellen ergibt die Erotik, welche sich in Dichtung, Musik und bildender Kunst objektiviert. Erotische Lebensäußerungen sind nun ihrem ganzen Wesen nach historische Erscheinungen. Es ist daher nicht zufällig, daß die Erotik – abgesehen von erotischer Attraktion im sozialpsychologischen Sinne – als Kulturphänomen in diesem Buche nicht zur Sprache gekommen ist. Eine Wissenschaft, welche erotische Lebensäußerungen zu begreifen sucht, müßte nicht zuletzt mit historisch-analytischen Kategorien arbeiten; die empirische Psychologie hat solche Kategorien bislang nicht entwickelt.

10 Anmerkungen

1 Zur Erläuterung der Begriffe siehe das Glossar im Anhang, S. 133ff.
2 S. dazu auch das Glossar im Anhang.
3 Phylogenese bezeichnet die Entwicklung einer bestimmten Art oder Klasse von Lebewesen – im Gegensatz zur Ontogenese, welche die Entwicklung eines Individuums bezeichnet.
4 Die soziale Funktion der Sexualität bezeichnet Kentler (1970, 1973) in Anlehnung an Wickler als »Sozio-Sexualität«.
5 Der Begriff »Sozialisation« umfaßt den Prozeß des Erwerbens gesellschaftlicher bzw. kultureller Normen (vgl. Drever und Fröhlich 1974).
6 Bei dem Winkelmaß handelt es sich um das Maß des rechten Winkels, wie es vom Zimmermann benutzt wurde.
7 Bei der Begriffserklärung sollen nur die Normdefinitionen der Sozialwissenschaft erklärt werden; die in der Technik und Wirtschaft gebräuchliche Bedeutung von Norm als Vereinheitlichung wird hier nicht berücksichtigt.
8 Die folgende Einteilung ist an Lautmann (1969) angelehnt.
9 Allgemein lassen sich Sanktionen als Formen sozialen Drucks definieren, wobei das Ziel dieses Drucks ist, sozial erwünschtes (der Norm entsprechendes) Verhalten zu erzeugen. Je nach Richtung kann man zwischen positiven Sanktionen (Billigung, Lob und Belohnung) und negativen Sanktionen (Mißbilligung, Tadel, Strafe) unterscheiden.
10 Von Verhaltenskonformität kann man dann sprechen, wenn sich das Verhalten von Individuen von einer Norm leiten läßt, bzw. sich daran orientiert, so daß die Forderung der Norm realisiert wird. Je nach dem Grad der Realisierung der Norm im Verhalten kann der Grad der Konformität einwandfrei festgelegt werden.
11 Das Gewissen z. B. gilt als ein internalisierter Kontrollmechanismus.
12 Diese Ableitungen von Normen aus Werten sind jedoch nicht starr, sondern verändern sich im Laufe der Zeit. Ebenso kann durch theoretische Annahmen oder Interpretationen ein- und dieselbe Norm mit unterschiedlichen Werten verbunden sein.
13 Die Namen der einzelnen Gruppen sollen hier nicht aufgeführt werden: der interessierte Leser sei auf Margaret Mead (1958, 1959) und Ford und Beach (1968) verwiesen.
14 siehe Glossar.
15 Zufallsstichproben sind vom Standpunkt des Methodologen aus erstrebenswert; sie liefern repräsentative Stichproben.
16 Beispiel: »Extravertierte haben im allgemeinen früher Geschlechtsverkehr als Introvertierte«, wobei Extravertierte als relativ gesellig, impulsiv, aktiv, sorglos, lebenslustig und reizhungrig gelten.
17 Primitivkulturen sind Kulturen ohne geschriebene Dokumente ihrer Geschichte; der Begriff soll keine Abwertung beinhalten.
18 Artifizieller Koitus = mechanischer Koitusersatz mit einem Plastikpenis, der neuartige Beobachtungen und Messungen in der Vagina ermöglicht.
19 d. h. einer Sammlung antiker medizinischer Schriften (dt. 1934).
20 Sexualität bildet wie z. B. Aggressivität für Lernpsychologen nur *eine* Klasse menschlichen Verhaltens, für die sich eine spezifische Theorienbildung erübrigt, weil die Lerntheorien auf alles erlernte Verhalten gleichermaßen anwendbar sind.
21 Die Differentielle Psychologie tritt nicht in Gegensatz zu den drei vorgenannten Theorien. Vielmehr gibt es z. B. stärker psychoanalytisch oder stärker lernpsychologisch orientierte differentielle Psychologien. Der hier vorwiegend zitierte

Eysenck ist ein – nicht immer konsequent erscheinender – Anhänger lernpsychologischer Gedankengänge.

22 Psychotizismus ist eine weitere Dimension im System Eysencks.

23 Zum besseren Verständnis der Eysenckschen Persönlichkeitstheorie muß angemerkt werden, daß die Begriffe »Extraversion/Introversion«, »Neurotizismus« und »Psychotizismus« als Dimensionen und nicht als Kategorien aufzufassen sind. Dies bedeutet z. B., daß die meisten Menschen weder schlicht als Extravertierte noch schlicht als Introvertierte einzustufen sind, sondern ihren individuellen Wert zwischen den extremen Ausprägungen finden. Je nachdem, wo sie auf der genannten Skala empirisch anzusiedeln sind, werden sie eher die Eigenschaften eines Extravertierten oder Introvertierten aufweisen. Das gleiche gilt auch für die beiden anderen genannten Dimensionen; jeder Mensch hat also einen individuellen Wert auch bezüglich Neurotizismus und Psychotizismus, im günstigen Fall einen mehr neutralen, mittleren Wert.

24 Jener wissenschaftlichen Disziplin, welche vergleichend die verschiedenen Kulturen hinsichtlich ihrer psycho-sozialen Organisation untersucht.

25 Über Argumente gegen die Anwendung des Triebbegriffs im Bereich der Aggression siehe Roth (1974), Selg (1971) u. a.

26 Wie wenig zweckmäßig es ist, Sexualität als Trieb wie den Nahrungstrieb zu sehen, zeigen neben Schmidt vor allem auch Fricker und Lerch (1976).

27 Für das Sexual*verhalten* der Frau sind, wenn überhaupt Hormone, dann die sog. männlichen und *nicht* die weiblichen maßgebend.

28 Der Begriff »Onanie« ist von der biblischen Gestalt Onan hergeleitet worden. Onan sollte die Witwe seines Bruders heiraten und ein Kind mit ihr zeugen. Da dieses Kind nach damaligem Gesetz nicht als sein eigenes gegolten hätte, vollzog Onan einen coitus interruptus. Die Sünde Onans lag also in der Verweigerung der Fortpflanzung und der Verschwendung des Samens.

29 Die Befragung von Hite soll an dieser Stelle wegen der überaus großen Beachtung, die sie derzeit findet, berücksichtigt werden, obgleich sie den Kriterien einer wissenschaftlichen Untersuchung nicht standhält (s. Kap. 3).

30 Es wird angenommen, daß faszinierende Erlebnisse die Phantasieinhalte beeinflussen und somit die Genese von Devianzen mitbedingen können (s. Kap. 8.5).

31 Mormonen gelten als Vertreter einer restriktiven Sexualmoral.

32 Dänen gelten als Vertreter einer eher freizügigen Moral.

33 Als erogene Zonen werden solche Körperoberflächen und -regionen bezeichnet, bei deren Berührung sexuelle Empfindungen auftreten.

34 Man denke nur etwa daran, daß Orgasmen, obgleich die physiologischen Abläufe unabhängig von der Art der Stimulierung immer dieselben sind, sowohl von verschiedenen Menschen als auch von ein-und-derselben Person sehr unterschiedlich erlebt werden.

35 Oral-genitale Methoden sind solche, bei denen durch den Mund bzw. die Lippen und die Zunge eines Partners die Genitalorgane gereizt werden. Solche Reizung der weiblichen Genitalorgane wird als Cunnilingus bezeichnet; Stimulation des Penis durch Mund und Zunge wird Fellatio genannt.

36 Diese Ergebnisse werden im Anschluß noch ausführlich referiert.

37 Damit ist natürlich nicht gesagt, daß Quantität gleich Qualität ist; es handelt sich hier lediglich um statistische Durchschnittsangaben.

38 Wenn kein Orgasmus erreicht wurde, ist die Rückbildungsphase verlängert, die lokalen Blutstauungen bilden sich dann erst über Stunden zurück.

39 Vgl. Glossar.

40 Vgl. Glossar.

41 d. h. ein Paar mit leidlich durchschnittlicher Koitusfrequenz würde in 100 Jahren mit 4 Schwangerschaften rechnen müssen ...

42 Diese Zahlen sind wahrscheinlich überhöht, da der Hite-Report streckenweise als eine lesbische Streitschrift gelten kann (Pietropinto und Simenauer).

43 Die hier nach Kinsey et al. (1967b) referierten Techniken sind ebenfalls im Hite-Report (1976, S. 350 ff.) in den abgedruckten Einzelantworten nachzulesen.

44 Kinsey (S. 360) verglich jeweils etwa 5 Jahre dauernde Beziehungen. 17% der heterosexuellen Frauen gegenüber 7% der homosexuellen Frauen erlebten nie einen Orgasmus, in 90–100% der sexuellen Kontakte hatten 40% der heterosexuellen – und 68% der homosexuellen Frauen einen Orgasmus.

45 Personen, bei denen homo- und heterosexuelle Reaktionen gleichzeitig auftreten, werden als bisexuell bezeichnet.

46 Es wird als bekannt vorausgesetzt, daß kein Kind einer Serie von Durchschnittswerten genau entspricht; Abweichungen sind mehr die Regel als die Ausnahme. Beispiel: Wenn auch der deutsche Mann im Durchschnitt 1,75 m groß sein mag, so mißt eben die Mehrzahl nicht genau 1,75 m, sondern ist größer oder kleiner.

47 Um die Bedeutung der erziehenden sozialen Umwelt für die Entwicklung zu unterstreichen, sprechen viele Wissenschaftler gerne von »Sozialisation« statt Entwicklung und Erziehung. Sozialisationsagenten sind z. B. Elternhaus und Schule.

48 Unter einer Prägung sei ein Lernprozeß verstanden, der nur sehr schwer rückgängig zu machen ist. Eine klassische Konditionierung ist ein Lernprozeß, bei dem ein ursprünglich neutraler Reiz die Eigenschaft erwirbt, eine reflexartige Reaktion auszulösen. Beispiel: Dem hungrigen Menschen läuft das Wasser im Mund zusammen, wenn er lediglich seine Lieblingsspeise genannt bekommt. Ursprünglich war die Speichelreaktion nur durch Essen im Mund auslösbar.

49 Lernen am Modell besagt, daß wir durch Beobachten anderer, der sog. Modelle, deren Verhaltensweisen und Einstellungen übernehmen.

50 Das Wachsen des Schamhaares (pubes) hat der Phase den Namen gegeben.

51 Weil den Hormonen in diesem Alter eine eindeutige Rolle für die Anregung der sexuellen Entwicklung zukommt, wird gelegentlich den Hormonen für das Sexualleben schlechthin eine ausschlaggebende Rolle zugesprochen; das ist falsch. Interindividuelle Unterschiede im Sexualverhalten gehen so gut wie nie (von krankhaften Ausnahmen abgesehen) auf Hormonunterschiede zurück. Z. B. bleibt bei Frauen nach operativer Entfernung der Eierstöcke das sexuelle Verhalten und Erleben unverändert, sofern sie nicht unter einer negativen Suggestion glauben, sich ändern zu müssen.
Gelegentlich beeinflußt die psychische Gesamtbefindlichkeit deutlich die Hormonbildung (nicht umgekehrt): im Streß produzierten Offiziere weniger Testosteron; männliche Affen bildeten mehr Testosteron, wenn ein anregendes Weibchen in der Nähe war etc. (s. Thomas 1977).

52 Gebhard et al. (1968, S. 14) schreiben, daß viele menstruelle Zyklen beim Mädchen noch kein befruchtungsfähiges Ei aufweisen und daß bei Jungen im Ejakulat sehr wenig Spermien enthalten sind.

53 Die Etikettierung des Menschen als »unnormal«, »kriminell« etc. treibt ihn in seine »Rolle« (s. u. a. Scheff).

54 Ausnahmen mit zunehmender Sexualität im Alter berichtet Pfeiffer (in Gross 1975).

55 Siehe Glossar.

56 Bei der Doppelmoral handelt es sich um jene traditionalistische Einstellung, in der Männern größere Freiheit zugebilligt wird als Frauen. Von Anhängern der Doppelmoral werden an Frauen strengere moralische Maßstäbe angelegt; von Frauen wird größere sexuelle Zurückhaltung verlangt als von Männern (vgl. Reiss 1970, Christensen 1971).

57 Orthodoxe Doppelmoral: bestimmte sexuelle Verhaltensweisen werden für Männer akzeptiert, für Frauen aber in jedem Falle abgelehnt.

58 Transitionale Doppelmoral: bestimmte sexuelle Verhaltensweisen werden Männern in jedem Fall, Frauen nur unter bestimmten Umständen gestattet.

59 Wichtige Vorarbeiten hatte bereits M. Mead geleistet (1958).

60 Auf der Grundlage medizinischer Kriterien ist im *somatischen* Bereich noch eine klare Einteilung der Geschlechter möglich, wobei allerdings auch ein kleiner Zwischenbereich – der intersexuelle – beachtet werden muß.
61 Nähren auf Verlangen, ohne festen Zeitplan.
62 Kognition meint psychische Funktionen wie Denken, Urteilen, Wahrnehmen und Erkennen.
63 Lehr (1972, S. 890 ff.) weist einschränkend darauf hin, daß die Mehrzahl der Untersuchungen an Kindern bis etwa 10–12 Jahren durchgeführt wurden.
64 Ein besonderer Clou des Experiments war, daß zu beiden Fotos das gleiche Kind Modell gestanden hatte, nur einmal auf schön, einmal aber auf häßlich geschminkt!
65 Die hier im folgenden referierten Ergebnisse sind dem »Pornographie-Report« (1971) entnommen, einer Untersuchung der »Kommission für Obszönitäten und Pornographie« des amerikanischen Kongresses, andere Quellen sind im Text gesondert angegeben.
66 Z. B. unter der Überschrift: »Er« ist kleiner als du denkst! (ZET 1971, Nr. 39).
67 Die schon erwähnte Spezialindustrie baut in diesem Bereich systematisch den Irrglauben auf, (weibliche) Befriedigung sei eine Frage der Anatomie, der technisch nachgeholfen werden kann; der Phantasie der Präservativformen z. B. scheinen daher keine Grenzen gesetzt.
68 Z. B. Henry Miller in »Sexus«.
69 Betroffene sollten sich nicht scheuen, mit Klinischen Psychologen Kontakt aufzunehmen und sich beraten zu lassen.
70 Für diesen Appetenzmangel wird zunehmend auch die Bezeichnung »Frigidität« reserviert; früher war »Frigidität« mehr ein Oberbegriff für verschiedene Sexualstörungen der Frau.
71 Diagnostische Probleme und Möglichkeiten werden in diesem Buch wegen des mehr einführenden Charakters ausgeklammert. Interessierte seien verwiesen auf Kockott (1977) und Schulte (1974).
72 Eine ausführliche Darstellung findet der Interessierte bei Halder (1973), Meyer und Chesser (1971), bei Rachman und Bergold (1970) etc.
73 Es ist zwischen »Ersatzpartnern« (das sind alle Nicht-Ehepartner) und »Partnerersatz«, der von der Klinik gestellt wird, zu unterscheiden. 1977 berichtet der Spiegel (Nr. 17), Masters und Johnson hätten die Arbeit mit Ersatzpartnerinnen eingestellt, weil offensichtlich einmal ein Verheirateter sich mit Hilfe einer Ersatzpartnerin behandeln ließ, worauf seine Ehefrau eine Anzeige erstattete. Es ist unklar, ob im Spiegel »Ersatzpartner« oder »Partnerersatz« oder beides gemeint ist.
74 Diese spezifischen Schritte werden bei den einzelnen Störungen referiert.
75 Schnabl weist 1975 (in Sigusch, S. 81) darauf hin, daß es ebenso möglich wäre, bei einer E. p. vom verspäteten Orgasmus der Frau zu sprechen.
76 Beim Koitus interruptus – einer inzwischen selten gewordenen »Verhütungsmaßnahme« – beendet der Mann den Koitus kurz vor der Ejakulation. Weibliche Bedürfnisse spielen dabei nur eine untergeordnete Rolle; eine schnelle Befriedigung des Mannes ist erwünscht.
77 Squeeze = drücken, pressen, quetschen.
78 Näheres im Original bei Masters und Johnson (1970, S. 102 ff.), die sich hier auf die Entdeckung der Technik von Semans stützen.
79 Hier drängt sich die Frage auf, warum sie nicht ganz zum Orgasmus geführt werden soll oder darf.
80 Medizinische Therapieansätze (z. B. Benkert, 1977, über Hormontherapien) bleiben hier außer acht.
81 s. z. B. die Interviews in Alice Schwarzer »Der kleine Unterschied« (1975) bzw. im Hite-Report (1977).
82 Es war noch nicht möglich, den Vorschlag in die Praxis umzusetzen. Der Autor (Selg) kann Therapien nur in sehr kleiner Zahl durchführen. Sofern Impotenz

einmal ein Problem war, hat sie sich beiläufig während der Behandlung der anderen Probleme zurückgebildet.

83 Entsprechend gibt es beim weiblichen Geschlecht Klitoris-Erektionen und wahrscheinlich Vaginal-Kontraktionen (Jovanovic).

84 Der Patient selbst sollte wohl nicht informiert werden, da sonst der positive Überraschungseffekt ausbleibt und das Wissen um das zwanghaft Physiologische des Vorgangs evtl. jedes Erfolgserlebnis unterdrückt. Dieses Vorenthalten von Informationen steht in Widerspruch zu Bestrebungen der modernen Verhaltenstherapie, die Patienten möglichst umfassend informiert und an der Therapie beteiligt. Der Autor glaubt aber, hier eine Ausnahme vorschlagen zu müssen.

85 Am ehesten ist an Extremfälle der Ejakulationsinkompetenz zu denken!

86 Auch Frauen, die lediglich in Träumen Orgasmen erleben, lassen Masters und Johnson als primär anorgasmisch gelten (S. 227).

87 U. E. sollte die Bezeichnung »situative Anorgasmie« für alle jene Fälle reserviert werden, in denen eine ansonsten orgasmische Frau durch Besonderheiten der Situation am Orgasmus (vorübergehend) gehindert wird.

88 Den verbreiteten Begriff »pervers« gebrauchen wir nicht. Er enthält eine sehr starke Wertung (pervers = verkehrt, entartet, verdorben, widernatürlich) und ist – z. B. von Freud – auch für oral-genitale Berührungen benutzt worden. Kockott (S. 38) möchte den Begriff für bestimmte Störungen reservieren.

89 Bei einem anderen Sprachgebrauch könnte man jeden, der einmal eine seltene Sexualpraktik ausübte, als vorübergehend situativ-deviant bezeichnen.

90 Bei Simon und Gagnon (1970) wird sexuelle Abweichung sehr viel weiter definiert; auch Masturbationen und vor- bzw. außerehelicher Kontakt werden genannt, insofern zu Recht, als zu bestimmten Zeiten in bestimmten Kulturen entsprechende Verbote so groß sind, daß die genannten Verhaltensweisen selten werden.

91 Später, S. 257, rechnet sie Schorsch aber zur Devianz.

92 Nach dem französischen Schriftsteller de Sade wurde der Sadismus, nach dem Österreicher Sacher-Masoch der Masochismus benannt.

93 Der Grund für die besondere Abwertung homosexueller Männer könnte in einer Berücksichtigung der Funktionen der Sexualität liegen: Homosexuell interessierte Frauen können Mütter werden; von homosexuellen Männern wird – nur partiell zu Recht – nicht erwartet, daß sie Väter werden.

94 Die Grenzziehung bleibt schwierig: viele Kinder kommen mit 10 Jahren, andere erst mit 14 oder 15 in die Pubertät.

95 In den USA meint »Sodomie« meist homosexuelle Praktiken.

96 Nekrophilie: Leichen werden Sexualobjekte.

97 Das Spiegelbild des eigenen Körpers dient als Partnerersatz.

98 Transvestitismus: Lust am Tragen der Kleider des anderen Geschlechts.

99 Wo in der Bundesrepublik Deutschland psychologisch begründete Therapien bei funktionellen Sexualstörungen und bei Devianzen möglich sind, gibt Wendt (1978) an. Darüber hinaus sind viele klinisch arbeitenden Psychologen in der Lage und bereit, bei Sexualproblemen zu beraten.
Den Klinischen Psychologen sei für die Behandlung funktioneller Störungen und der Devianz u. a. noch empfohlen: Annon (1974), Fischer und Gochros (1977), Money und Musaph (1977), Lo Piccolo und Lo Piccolo (1978), Musaph und Haspels (1978).

11 Glossar und Sachverzeichnis

Abstinenz: Enthaltsamkeit.

Alibidinie: Fehlen sexueller Interessen und Bedürfnisse (vorwiegend bei der Frau beschrieben).
Synonym: Frigidität, Hypolibidinie, Impotentia concupiscentiae (beim Mann).

anal: den After betreffend.

Analverkehr: Einführung des Penis in den After.

Anamnese, anamnestisch: Vorgeschichte (einer Krankheit, einer Störung).

Anorgasmie: Ausbleiben des Orgasmus bei sexuellen Kontakten.
primäre A. Orgasmus wurde noch nie erreicht.
sekundäre A. mindestens ein Orgasmus wurde bereits erreicht, danach Verlust der Orgasmusfähigkeit.

Antikonzeption: Maßnahme, die eine Befruchtung verhindert (vgl. Konzeption).

Aphrodisiakum: Mittel, von dem angenommen wird, daß es die sexuelle Erregung oder Potenz fördere.

Aversionstherapie: Therapie, die ungewünschtes Verhalten durch unangenehme Reize bestraft; Ziel ist die Reduzierung dieses Verhaltens.

Bisexualität, bisexuell: sexuelle Orientierung sowohl auf gleichgeschlechtliche als auch andersgeschlechtliche Partner.

Chromosomen: Träger der Erbanlagen in einer Zelle.

Cunnilingus: Reizung der weiblichen Genitalien mit dem Mund (vgl. oral-genitaler Kontakt, Fellatio).

Dating: Verabredung zwischen jungen Leuten.

Desensibilisierung, systematische D.: Abbau oder Abnahme von (Über-)Empfindlichkeit; Angstabbau mit Hilfe einer Therapie.

Devianz (deviant), Deviation: abweichendes Verhalten, Abweichung.

Doppelmoral: billigt Männern größere (vor- und außereheliche) Freizügigkeit zu als Frauen (s. Anm. 57 und 58).

Dyspareunie: Schmerzempfindungen beim Koitus.

Ejakularche: erste Ejakulation.

Ejakulation: Samenerguß.

Ejaculatio praecox: vorzeitige Ejakulation; im Verständnis der Partner eine zu frühzeitig erfolgte Reaktion.

Ejaculatio deficiens: Unfähigkeit zur Ejakulation.

Entwicklung: Eine Folge von qualitativen und quantitativen physischen und psychischen Veränderungen im Laufe des menschlichen Lebens durch Reifung *und* Lernen.

Erektion: Versteifung des Penis.

Erotica: Sexuelle Stimuli verschiedenster Art (z. B. Fotografien, Filme, schriftliche Schilderungen usw.), die im allgemeinen als Pornographie beschrieben werden.

Ethnologie: Völkerkunde; Wissenschaft, die sich mit Sozialstruktur und Kultur der Gesellschaften beschäftigt.

Ethogramm: möglichst vollständiger Katalog aller Verhaltensweisen einer (Tier-)Art.

Ethologie: Verhaltensforschung; vorwiegend als Wissenschaft vom Verhalten der Tiere zu verstehen.

Exhibitionismus: ausgeprägte Neigung, die Genitalien in der Öffentlichkeit zu entblößen, oft verbunden mit sexueller Erregung bis zum Orgasmus.

extravertierter Typus, extravertiert: Mensch mit entgegenkommendem, eher offenem und unbekümmertem Wesen.

Fellatio: Reizung der männlichen Genitalien mit dem Mund (vgl. oral-genitaler Kontakt, Cunnilingus).

Fetischismus: sexuelle Devianz, bei der sexuelle Stimulierung und Befriedigung durch außerhalb der Genitalregionen liegende Körperteile oder durch Gegenstände erreicht wird.

Follikel: Eibläschen (siehe Ovulation).

Frigidität (frigid): vielfach Oberbegriff für nichtorganische Sexualstörungen bei der Frau.
hier: Fehlen sexueller Interessen und Bedürfnisse (siehe Alibidinie).

Gravidität: Schwangerschaft.

Hegarstifte: Metallstifte verschiedenen Durchmessers; sie können bei Vaginismus zur Desensibilisierung in die Vagina eingeführt werden.

Hermaphroditismus: Zwitter; keine eindeutige oder eine mangelhafte Übereinstimmung der Ausbildung der inneren und/oder äußeren Geschlechtsmerkmale.

Hetäre: »Gespielin«, Freudenmädchen ...

Heterosexualität (heterosexuell): sexuelle Orientierung auf Partner des anderen Geschlechts (s. Homosexualität).

Hoden: männliche Keimdrüsen.

Homosexualität (homosexuell): sexuelle Orientierung auf Partner des eigenen Geschlechts.

Hopi: nordamerikanischer Indianerstamm in Arizona.

Hormon: körpereigene, meist in das Blut abgegebene Wirkstoffe, die Vorgänge des Wachstums, Stoffwechsels und der Fortpflanzung regulieren.
Weibliche Sexualhormone: Östrogene und Gestagene;
männliche Sexualhormone: Androgene.

Hymen: Jungfernhäutchen; dünne Schleimhautfalte am Scheideneingang.

Hypolibidinie: geringe sexuelle Interessen und Bedürfnisse.

Impotenz: vorwiegend: Unfähigkeit des Mannes zum Koitus durch Ausbleiben der Erektion.

primäre I. liegt vor, wenn ein Koitus durch Ausbleiben der Erektion noch nie möglich war;

sekundäre I. liegt vor, wenn mindestens ein Koitus durchgeführt worden ist.

Impotentia concupiscentiae: Fehlen der sexuellen Appetenz beim Mann (s. Alibidinie).

introvertierter Typus (introvertiert): Mensch mit zögerndem, reflexivem und zurückgezogenem Wesen (s. extravertiert).

Kastration: operative Entfernung der Keimdrüsen; zu unterscheiden von Sterilisation (s. da).

Kastrationsangst: Angst des Knaben, der während der ödipalen Phase die Mutter als sexuelles Objekt begehrt, vom Vater kastriert zu werden.

Klimakterium: Wechseljahre; Übergangszeit, in der Fruchtbarkeit und Menstruation bei der Frau allmählich aufhören.

Klitoris: Kitzler; Teil des äußeren weiblichen Genitalbereichs.

Kohabitation (kohabitieren): Geschlechtsverkehr, Geschlechtsakt.
Synonym: Koitus, Kopulation.

Koitus: Geschlechtsverkehr, Geschlechtsakt.
Synonym: Kohabitation, Kopulation.

Koitus interruptus: Antikonzeptionsmaßnahme; der Mann unterbricht den Koitus kurz vor der Ejakulation.

Kondom: siehe Präservativ.

Kontraindikation: (Med.) Umstand, der eine im allgemeinen übliche und zweckmäßige Behandlung als nicht geboten erscheinen läßt.

Kontrazeption: Empfängnisverhütung (vgl. Antikonzeption).

Kopulation: geschlechtliche Vereinigung.
Synonym: Koitus.

Latenz(-Phase): sexuelle L.: Phase, in der kaum sexuelles Verhalten offenkundig wird.
Bei Freud: Zeitintervall zwischen der frühen und späten genitalen Phase, in dem das sexuelle Streben verdrängt wird (vgl. ödipale Phase).

Lesu: Stamm in Neuirland (Ozeanien).

Libido: Sexuelles Interesse, sexuelle Energie.

Lubrikation: Feuchtwerden der Vagina; Sekretabsonderung in der Vagina bei sexueller Erregung; ermöglicht eine schmerzfreie Einfürung des Penis beim Koitus.

Masochismus: Sexuelle Devianz; bei Erleiden von Demütigung und Schmerz wird sexuelle Erregung und Befriedigung erreicht (vgl. Sadismus).

Masturbation: sexuelle Stimulierung der eigenen Genitalien mit der Hand, um sexuelle Befriedigung zu erlangen (vgl. Onanie).

Menarche: erste Menstruation.

Menopause: Endgültiges Ausbleiben der Menstruation während des Klimakteriums.

Menstruation: in ca. 28-tägigem Turnus – bei unbefruchtet gebliebener Eizelle – erfolgende Blutung aus der Gebärmutter, welche die Abstoßung der Gebärmutterschleimhaut anzeigt.

Monogamie: Einehe; Gegensatz: Polygamie.

Mormonen: Von Joseph Smith 1830 gegründete christliche Glaubensgemeinschaft, vorwiegend im Staat Utah der USA.

Nekrophilie: Leichen dienen als Sexualobjekte.

Neurotizismus: emotionale Labilität, Störbarkeit.

Norm: zeitlich nicht festgelegter, vorgeschriebener Standard, der von der Gesellschaft (z. B. durch Gesetzgebung), von Gruppen, bzw. von Individuen festgesetzt wird und mit Hilfe von Sanktionen Verhaltenskonformität zu erzwingen versucht.

ödipale Phase, Ödipuskomplex: zwischen 3. und 5. Lebenjahr; nach Freud Teil der frühen genitalen Phase, in dem das Kind sexuellen Kontakt mit dem andersgeschlechtlichen Elternteil anstrebt und schließlich durch Identifikation mit dem gleichgeschlechtlichen Elternteil darauf verzichtet (vgl. Latenzphase).

Onanie: siehe Masturbation.

Ontogenese: Entwicklung des Individuums.

oral: durch den Mund, zum Mund gehörig.
Oral-genitaler Kontakt: Erregung der Genitalbereiche mit dem Mund (vgl. Cunnilingus, Fellatio).

Orgasmus: Sexueller Höhepunkt, verbunden mit physiologischen Vorgängen (Ejakulation bzw. rhythmische Kontraktionen der Scheide).

multipler Orgasmus: Erreichen mehrerer Orgasmen innerhalb einer kurzen Zeitspanne, vorwiegend bei der Frau.

orgastische Manschette: physiologische Reaktionen bei der Frau während des Orgasmus; durch Blutstau wird der äußere Teil der Scheide bis zur Hälfte des normalen Durchmessers reduziert; beim Orgasmus kommt es zu 3–15 Muskelkontraktionen in diesem Bereich.

Östradiol: weibliches Sexualhormon; ein Bestandteil von auf Hormonbasis beruhenden Verhütungsmitteln (Pille).

Ovulation: Ein in den Eierstöcken gereiftes Follikel gelangt durch den Eisprung (Ovulation) in den Eileiter und wandert in die Gebärmutter; während dieser Zeit kann die Befruchtung erfolgen; die Ovulation erfolgt normalerweise periodisch in der Mitte eines Menstruationszyklus.

Ovulationshemmer: u. a. Empfängnisverhütungsmittel; basierend auf Hormonen, die den Eisprung verhindern und die Festsetzung des befruchteten Eies in der Uterusschleimhaut verhindern.

Pädophilie: Kinder werden als Sexualobjekte bevorzugt.

Penis: männliches Glied.

Penisneid: nach Freud sollen Mädchen beim Vergleich der Genitalorgane den Wunsch entwickeln, einen Penis zu besitzen.

Penisplethymograph: Vorrichtung zur Messung von Veränderungen des Penisvolumens.

Petting: jegliche sexuell erregende körperliche Berührung; Koitus wird allerdings vermieden (andernfalls als Vorspiel bezeichnet).

Phimose: Verengung der Vorhaut am männlichen Glied, durch welche der Koitus schmerzhaft werden kann.

Phylogenese: Stammesgeschichtliche Entwicklung; Entwicklung einer bestimmten Art oder Klasse von Lebewesen (s. Ontogenese).

Physiologie, physiologisch: Lehre von den Lebensvorgängen und Körperfunktionen.

Pollution: unwillkürlicher Samenerguß.

Population: in statistischem Sinn: die bei einer Untersuchung interessierende Grundgesamtheit, Gesamtmenge. Aus Populationen werden Stichproben gezogen; diese Stichproben sollen für die Population repräsentativ sein.

Pornographie: urspr.: »Darstellung von Hurerei«; Darstellung von Unzüchtigem, Obszönem. Aber was als obszön gilt, wechselt von Kultur zu Kultur und ändert sich innerhalb einer Kultur mit allgemeiner Änderung der Normen. Heute wird bei uns gelegentlich zwischen harter Pornographie (z. B. Darstellung eines sadistischen Aktes) und weicher P. (z. B. Darstellung eines »normalen« Koitus) unterschieden.

Potenz, potent: Zeugungsfähigkeit; Fähigkeit des Mannes zum Koitus (vgl. Impotenz).

Prägung: i. w. S.: Fixierung eines Verhaltens; Festlegung eines lernenden Organismus auf bestimmte Verhaltensmuster.

Präservativ: Kondom; eine Gummihaut als Verhütungsmittel oder als Mittel gegen Ansteckung beim Koitus.

Proband: Versuchsperson.

Progesteron: weibliches Hormon, ein Bestandteil von auf Hormonbasis beruhenden Verhütungsmitteln (Pille).

projektive Tests: Tests, die beanspruchen, grundlegende Persönlichkeitsmerkmale aufzudecken, indem sie Reaktionen des Individuums auf mehrdeutige Stimuli interpretieren (Beisp. Rorschach).

Promiskuität: sexueller Verkehr mit häufig wechselnden Partnern ohne längerzeitige Bindung.

Prostata: Beim Mann am Anfang der Harnröhre gelegene Drüse; Vorsteherdrüse.

Prostitution: Gewähren sexueller Kontakte gegen Bezahlung oder andere materielle Entlohnung.

Psychoanalyse: Name für ein von Freud geschaffenes Theoriensystem für eine Form der Psychotherapie und für eine Methode zur Erforschung des Psychischen.

Pubertät: Phase der Geschlechtsreifung; ausgelöst durch erhöhte Ausschüttung von Sexualhormonen.

Pubes: 1. Schambehaarung
2. Bereich der äußeren Genitalien; Schamgegend.

Reifung: ein Entwicklungsprozeß, in dem das Entfalten der Anlagen betont ist (im Gegensatz zu Lernen).
Entwicklung wird zweckmäßigerweise als Interaktion von Reifungs- und Lernprozessen verstanden.

REM-Phase: (rapid-eye-movement) Schlafphase; sie tritt ca. 5 mal pro Nacht auf und macht 20–25% des Schlafes aus; Erschlaffung der Skelett-Muskulatur bei gleichzeitigen schnellen Augenbewegungen, die auf Traumerleben verweisen.

repräsentative Stichprobe: z. B. auf Zufall beruhende Auswahl aus einer Population derart, daß ihre Untersuchungsergebnisse auf die Population übertragen werden können.

restriktive Kulturgruppen: Kulturgruppen, die sexuelle Verhaltensmöglichkeiten (stark) einschränken.

Rollen: Gesamtheit der Erwartungen, die an den Inhaber einer Position gestellt werden.

Rorschach-Test: von H. Rorschach entwickelter Persönlichkeitstest, in dem die Probanden Klecksbilder deuten.

Sadismus: sexuell deviantes Verhalten, bei dem durch Mißhandlung oder Demütigung anderer Lebewesen sexuelle Erregung und Befriedigung erreicht werden (vgl. Masochismus).

Samenbläschen: sekretionsabsondernde Drüsen am Ende der Samenleiter.

Semantisches Differential: Methode, subjektive Vorstellungen und Bedeutungsinhalte von Begriffen quantitativ zu erfassen; sie arbeitet mit Auflistungen von Gegensatzpaaren (z. B. zart – grob), die meist in 4–7 Stufen graduiert sind.

Sexologie, auch Sexuologie: Lehre von der Sexualität; Sexualforschung.

Siriono: Indianerstamm in Ost-Bolivien.

Sodomie: Geschlechtsverkehr von Menschen mit Tieren.

Sozialisation: Lernprozeß, der dem Individuum die psychisch-soziale Orientierung in seiner sozialkulturellen Umwelt vermittelt.

Spasmus: Krampf.

Squeezing: Technik, bei der durch kurzes Drücken an einer bestimmten Stelle des Penis reflexbedingt eine Ejakulation kurzzeitig unterdrückt wird.

Sterilisation: Unfruchtbarmachung durch Unterbrechung der Ei- bzw. Samenleiter (zu unterscheiden von Kastration).

Sterilität: Unfruchtbarkeit.

Sublimierung der Sexualität: psychoanalytische Vorstellung, nach der die durch einen »Sexualtrieb« zur Verfügung stehende »Antriebsenergie« auf sozialkulturelle Leistungen »umorientiert« werden kann.

Suggestion: Beeinflussung, die zu unreflektierten Reaktionen führt.

Taxis: durch äußere Reize ausgelöste Bewegungsreaktionen und -abläufe von Organismen.

Testosteron: männliches Sexualhormon.

Transsexualismus: zwanghaftes Streben körperlich Normaler, dem anderen Geschlecht anzugehören.

Transvestitismus, Transvestit: übersteigertes Bedürfnis, sich wie ein Angehöriger des anderen Geschlechts zu kleiden.

Trauma: schockierendes, schädigendes Erlebnis.

Trobriander: Bewohner einer Inselgruppe östlich von Neuginea.

Uterus: Gebärmutter.

Vagina: Scheide; Teil der weiblichen Geschlechtsorgane.

Vaginismus: Scheidenkrampf.

Verhaltenstherapie: Therapie, bei der durch Erlernen neuer Verhaltensmuster fehlendes Verhalten aufgebaut oder durch Verlernen bestehende störende Verhaltensweisen reduziert oder eliminiert werden.

Vibrator: Gerät, das durch Vibration im Genitalbereich sexuelle Stimulation hervorrufen kann.

Virginität: Jungfräulichkeit, sexuelle Unerfahrenheit.

Voyeurismus: übersteigerte Tendenz zur heimlichen Beobachtung anderer beim Entkleiden, bei sexuellen Kontakten etc., um selbst sexuell erregt zu werden.

Bibliographie

Abel, G. G. and Blanchard, E. B.: The measurement and generation of sexual arousal in male sexual deviates. In: Hersen, M., Eisler, R. M. and Miller, P. M.: Progress in behavior modification. New York 1976.

Adorno, T. W., Frenkel-Brunswik, E., Levinson, P. J. and Sanford, R. N.: The authoritarian personality. New York 1950.

Annon, J. S.: The behavioral treatment of sexual problems, I, II. Honolulu 1974.

Arnold, W., Eysenck, H. J. und Meili, R. (Hg.): Lexikon der Psychologie. Freiburg 1971.

Avers, Ch. J.: Einführung in die Sexualbiologie. Stuttgart 1976.

Bancroft, J. H. J.: Deviant sexual behavior: modification and assessment. London 1974.

Bandura, A. and Walters, R. H.: Social learning and personality development. New York 1963.

Barbach, L. G.: For yourself. Die Erfüllung weiblicher Sexualität. Frankfurt 1977.

Bastin, G.: Wörterbuch der Sexualpsychologie. Freiburg 1972.

Beach, F. A. (ed.): Sex and behavior. New York 1965.

Becker, N. und Schorsch, B.: Die psychologische Theorie sexueller Deviationen. In: Schorsch, E. und Schmidt, G., Köln 1968.

Bell, R. R.: Voreheliche Sexualität. Hamburg 1968.

Bond, I. K. und Hutchison, H. C.: Die Anwendung der reziproken Hemmung zur Behandlung des Exhibitionismus. In: Kockott, G. (Hg.) 1977.

Brandt, U. und Köhler, B.: Norm und Konformität. In: Graumann, C. F. (Hg.): Göttingen 1972.

Broderick, C. B.: Kinder- und Jugendsexualität. Hamburg 1970.

Buda, B.: Psychologie der Sexualität. Frankfurt a. M. 1977.

Bundeszentrale f. gesundheitl. Aufklärung (Hg.): Sexualkundeatlas. Opladen 1969.

Burgard, R.: Wie Frauen »verrückt« gemacht werden. Berlin 1977.

Carnap, G. v.: Onanie oder die Sehnsucht nach dem Partner. Psychologie heute, 1976, 11, S. 36–39.

Christensen, H. T.: Sexualverhalten und Moral. Hamburg 1971.

Comfort, A.: Der aufgeklärte Eros. Hamburg 1968.

Comfort, A.: Spaß am Sex. Berlin 1976.

Craig, G. A.: The effects of gynaecological surgery. In: Milne, H. and Hardy, S. J. (Eds.): Psychosexual problems. Bradford, London 1976.

Dannecker, M.: Warum die Therapie der Homosexualität die Lage der Homosexuellen verschlechtert. In: Sigusch, V. (Hg.) 1975.

Dietz, K. und Hesse, P. G.: Wörterbuch der Sexuologie und ihrer Grenzgebiete. Stuttgart 1967.

Döring, G. K.: Empfängnisverhütung. Stuttgart 1967.

Dreitzel, H. P.: Die gesellschaftlichen Leiden und das Leiden an der Gesellschaft. Stuttgart 1968.

Drever, J. und Fröhlich, W. D.: Wörterbuch zur Psychologie. München 1968.

Ehmann, P.: Zur Ätiologie und Phänomenologie ambisexueller und androgyner Daseinsweisen. Bonn (unveröffentlichte Diss.) 1976.

Eichner, K. und Habermehl, W.: Der Ralf-Report. Hamburg 1978.

Elias, N.: Über den Prozeß der Zivilisation. Frankfurt 1977, Bd. 1, 2.

Ellis, A.: Die rational-emotive Therapie. München 1977.

Ernst, J. P. et al.: Reaktion auf sexuell-aggressive Filme. In: Schorsch, E. und Schmidt, G. (Hg.), Köln 1975.

Eysenck, H. J.: Sexualität und Persönlichkeit. Wien 1976.

Firestone, S.: Frauenbefreiung und sexuelle Revolution. Frankfurt 1975.

Fischer, J. and Gochros, H. L.: Handbook of behavioral therapy with sexual problems, I, II. New York 1977.
Fisher, S.: Der Orgasmus der Frau. Stuttgart 1973.
Ford, C. S. und Beach, F. A.: Formen der Sexualität. Hamburg 1968.
Frahm: Empfängnisverhütung. Hamburg 1968.
Freud, S.: Die Traumdeutung. 1900 (Ges. Werke, Bd. 2, 3) Frankfurt.
Freud, S.: Drei Abhandlungen zur Sexualtheorie. 1905 (Ges. W. Bd. V) Frankfurt.
Freud, S.: Analyse der Phobie eines fünfjährigen Knaben. 1909 (Ges. W. Bd. VII) Frankfurt.
Freud, S.: Vorlesungen zur Einführung in die Psychoanalyse. 1917 (Ges. W. Bd. XI) Frankfurt.
Freud, S.: Jenseits des Lustprinzips. 1920 (Ges. W. Bd. XIII) Frankfurt.
Freud, S.: Das Ich und das Es. 1923 (Ges. W. Bd. XIII) Frankfurt.
Freud, S.: Das Unbehagen in der Kultur. 1930 (Ges. W. Bd. XIV) Frankf.
Freud, S.: Über die weibliche Sexualität. 1931 (Ges. W. Bd. XIV) Frankf.
Fricker, R. und Lerch, J.: Zur Theorie der Sexualität und der Sexualerziehung. Weinheim 1976.
Friedan, B.: Der Weiblichkeitswahl oder die Selbstbefreiung der Frau. Hamburg 1970.
Fromme, A.: Der Sexual-Report. Stuttgart 1967.
Gagnon, J. H. and Simon, W.: Sexual Conduct. Chicago 1973.
Gabriel, E. D.: Behavior Modification. San Francisco 1977.
Garrity, J.: Die sinnliche Frau. Hamburg 1976.
Gebhard, P. H., Raboch, J. und Giese, H.: Die Sexualität der Frau. Hamburg 1968.
Gebsattel, V. E. v.: Allgemeine und medizinische Anthropologie des Geschlechtslebens. In: Giese, H. (Hg.) 1971.
Giese, H. (Hg.): Psychopathologie der Sexualität. Stuttgart 1962.
Giese, H.: Die sexuelle Perversion. Hamburg 1967.
Giese, H. (Hg.): Die Sexualität des Menschen. Stuttgart 1971.
Giese, H. und Schmidt, G.: Studentensexualität. Hamburg 1968.
Gindorf, R.: Die Sexualethik des Vatikans. Anmerkungen zur sozialen Produktion von Scham und Schuld. In: Kerscher, I. (Hg.) 1977.
Graumann, C. F.: Die Dynamik von Interessen, Wertungen und Einstellungen. In: Thomae, H. (Hg.) 1965.
Graumann, C. F. (Hg.): Handbuch der Psychologie; Sozialpsychologie. Bd. 7, 1. Halbbd. Göttingen 1969.
Graumann, C. F. (Hg.): Handbuch der Psychologie; Sozialpsychologie. Bd. 7, 2. Halbbd. Göttingen 1972.
Gross, L. (Ed.): Sexual issues in marriage. New York 1975.
Gugel, E.: Sexualität und Individualität der Frau. Gießen 1975.
Guilford, J. P.: Persönlichkeit. Weinheim 1964.
Haensch, D.: Repressive Familienpolitik. Hamburg 1969.
Harlow, H. F.: The heterosexual affectional system in monkeys. American Psychologist, 1962, 16, 1–9.
Harbison, J. J., McAllister, H., Quinn, J. T. und Graham, P. J.: Verhaltensmodifikation sexueller Störungen. In: Kraiker, Ch. (Hg.): Handbuch der Verhaltenstherapie. München 1974.
Heid, H. (Hg.): Normen sexuellen Verhaltens. Leverkusen 1976.
Heid, H. (Hg.): Sexuelle Standards 1: Pornographie und Prostitution. Leverkusen 1976.
Herrmann, Th., Hofstätter, P. R., Huber, H. und Weinert, F. (Hg.): Handbuch der psychologischen Grundbegriffe. München 1977.
Hertoft, P.: Das sexuelle Verhalten junger Dänen. In: Bergström-Walan, M. B. et al.: Modellfall Skandinavien. Hamburg 1970.
Hippokrates: Werke. Stuttgart, Leipzig 1934.
Hite, S.: Hite-Report. München 1977.

Hofstätter, P. R.: Gruppendynamik. Hamburg 1971.
Hofstätter, P. R.: Psychologie. Frankfurt 1972.
Hull, C. L.: A behavior system. New Haven 1952.
Hunt, N.: Sexual behavior in the 1970s. Chicago 1974.
Irle, M.: Lehrbuch der Sozialpsychologie. Göttingen 1975.
Israel, J., Gustavsson, N., Eliasson, R. M. und Lindberg, G.: Sexuelle Verhaltensformen der schwedischen Großstadtjugend. In: Bergström-Walan, M. B. et al.: Modellfall Skandinavien. Hamburg 1970.
Jacobi, P.: Aufklärung (Samspel). Weinheim 1968.
Jacoby, R.: Social amnesia. New York 1975.
Janssen-Jurreit, M.: Sexismus. München, Wien 1978.
Jovanovic, U. J.: Sexuelle Reaktionen und Schlafperiodik beim Menschen. Beiträge zur Sexualforschung 1972, 51.
Kaplan, H. S.: The illustrated manual of sex therapy. New York 1975.
Kentler, H.: Kritik der gegenwärtigen Sexualerziehung. In: Schmidt, G., Sigusch, V., Schorsch, E. (Hg.) 1970.
Kentler, H.: Texte zur Sozio-Sexualität. Opladen 1973.
Kentler, H.: Sexualität ist ein Sozialprodukt. Psychologie heute, 1979, 1, S. 73–77.
Kerscher, I. (Hg.): Konfliktfeld Sexualität. Neuwied, Darmstadt 1977.
Keupp, L.: Aggressivität und Sexualität. München 1971.
Kinsey, A. C., Pomeroy, W. B. und Martin, C. E.: Das sexuelle Verhalten des Mannes. Berlin 1967a.
Kinsey, A. C., Pomeroy, W. B., Martin, C. E. und Gebhard, P. H.: Das sexuelle Verhalten der Frau. Berlin 1967b.
Kockott, G. (Hg.): Sexuelle Störungen. München 1977.
Kohlberg, L.: Zur kognitiven Entwicklung des Kindes. Frankfurt 1974.
Lautmann, R.: Wert und Norm. Köln, Opladen 1969.
Lehr, U.: Das Problem der Sozialisation geschlechtsspezifischer Verhaltensweisen. In: Graumann, C. F. (Hg.) 1972.
Lischke, G.: Aggression und Aggressionsbewältigung. Freiburg, München 1972.
Lobitz, W. Ch. and Lo Piccolo, J.: New methods in the behavioral treatment of sexual dysfunction. J. beh. ther. exp. Psychiat. 1972, 3, 265–271.
Lo Piccolo, J. und Lobitz, W. Ch.: Die Bedeutung der Masturbation bei der Behandlung von Orgasmusstörung. In: Kockott, G. (Hg.) 1977.
Lo Piccolo, J. and Lo Piccolo, L.: Handbook of the sex therapy. New York 1978.
Lorenz, K.: Das sogenannte Böse. Wien 1963.
Lorenz, K.: Über die Bildung des Instinktbegriffs. Naturwissenschaft 1937, 25.
Malinowski, B.: Geschlecht und Verdrängung in primitiven Gesellschaften. Hamburg 1962.
Mandel, K. H., Mandel, A. und Rosenthal, H.: Einübung der Liebesfähigkeit. München 1975.
Marquis, J. M.: Orgasmic reconditioning: changing sexual object device through controlling masturbation fantasies. J. behav. ther. exp. psychiat. 1970, 1, 263 bis 271.
Masters, W. H. und Johnson, V. E.: Die sexuelle Reaktion. Frankfurt 1967.
Masters, W. H. and Johnson, V. E.: Human sexual inadequacy. Boston 1970 (deutsch: Impotenz und Anorgasmie, Frankfurt 1973).
McCarthy, H. W.: A modification of Masters and Johnson sex therapy model in a clinical setting. Psychotherapy: theory, research and practice 1973, 10, 290–293.
McGovern, K. B., Stewart, R. C. and Lo Piccolo, J.: Secundary orgasmic dysfunction. I. Analyses and strategies for treatment. Arch. sex. behav. 1975, 4, 265–275.
McGuire, R. J., Carlisle, J. M. und Young, B. G.: Sexuelle Deviation als konditioniertes Verhalten: eine Hypothese. In: Kockott, G. (Hg.) 1977.
Mead, M.: Mann und Weib. Hamburg 1958.
Mead, M.: Geschlecht und Temperament in primitiven Gesellschaften. Hamburg 1959.

Milne, H. and Hardy, S. J. (Eds.): Psycho-sexual problems. Bradford, London 1976.
Money, J.: Körperlich-sexuelle Fehlentwicklungen. Hamburg 1969.
Money, J. und Ehrhardt, A.: Männlich – weiblich. Hamburg 1975.
Money, J. and Musaph, H. (Eds.): Handbook of sexology. Amsterdam, London 1977.
Morus (Lewinsohn, R.): Eine Weltgeschichte der Sexualität. Hamburg 1956.
Müller-Suur, H.: Liebe, Erotik und Sexualität. In: Psychologische Rundschau 1971, 22, 244–260.
Murstein, B. I.: Physical attractiveness and marital choice. In: J. Pers. Soc. Psychol. 1972, 22, 8–12.
Musaph, H. and Haspels, A. A.: Dyspareunia. Utrecht 1978.
Pfürtner, S. H.: Kirche und Sexualität. Hamburg 1972.
Pietropinto, A. und Simenauer, J.: Abschied vom Mythos Mann. Frankfurt 1978.
Plack, A.: Die Gesellschaft und das Böse. München 1970.
Platon: Symposion. Hamburg 1957.
Platon: Phaidros. Hamburg 1958.
Potrykus, D. und Wöbcke, M.: Sexualität zwischen Kindern und Erwachsenen. München 1974.
Prochaska, J. v. and Marzilli, R.: Modifications of the Masters and Johnson approach to sexual problems. Psychotherapy: theory, research and practice. 1973, 10, 294–296.
Rachmann, S.: Fetischismus. In: Kockott, G. (Hg.) 1977.
Ramsey, G. V.: The sexual development of boys. Amer. J. Psychol. 1943, 56, 217–233.
Raymond, M.: Case of fetishism treated by aversion therapy. Brit. med. J. 1956, 2, 854–856.
Reich, W.: Die Entdeckung des Orgons. Die Funktion des Orgasmus. Frankfurt 1972.
Reich, W.: Charakteranalyse. Frankfurt 1973.
Reiche, R.: Kritik der gegenwärtigen Sexualwissenschaft. In: Schmidt, G., Sigusch, V. und Schorsch, E. (Hg.) 1970.
Reiss, I. L.: Freizügigkeit, Doppelmoral, Enthaltsamkeit. Hamburg 1970.
Rieber, I. et al.: Psycho-Chirurgie. Psychologie heute. 1976, 7, 27–32.
Rokeach, M.: The open and the closed mind. New York 1960.
Roth, G. (Hg.): Kritik der Verhaltensforschung. München 1974.
Runkel, G.: Sexualität und Ideologie. Weinheim 1979.
Sander, M.: Rollentheorie. In: Graumann, C. F. (Hg.) 1969.
Savramis, D.: Religion und Sexualität. In: Kerscher, I. (Hg.) 1977.
Scarbath, H.: Geschlechtserziehung. Heidelberg 1966.
Schäfer, M.: Psychologie und Weiblichkeitsideologie. Frankfurt 1978.
Schäfer, S.: Sexuelle und soziale Probleme von Lesbierinnen in der BRD. In: Schorsch, R. und Schmidt, G. (Hg.) Köln 1975.
Schaller, F.: Die biologische Bedeutung der Sexualität. In: Immelmann, K.: Verhaltensforschung. Zürich 1974.
Scheff, Th. J.: Die Rolle des psychisch Kranken und die Dynamik psychischer Störung: ein Bezugsrahmen für die Forschung. In: Keupp, H.: Der Krankheitsmythos in der Psychopathologie. München 1972.
Schelsky, H.: Soziologie der Sexualität. Hamburg 1955.
Schelsky, H.: Soziologie I: Die sozialen Formen der sexuellen Beziehungen. In: Giese, H. (Hg.) 1971.
Scherer, G.: Anthropologische Aspekte der Sexwelle. Essen 1970.
Scheu, U.: Wir werden nicht als Mädchen geboren, wir werden dazu gemacht. Frankfurt 1977.
Schmidt, G.: Empirisch-psychologische Ergebnisse zur Sexualforschung. In: Giese, H. (Hg.) 1971.

Schmidt, G.: Sexuelle Motivation und Kontrolle. In: Schorsch, E. und Schmidt, G. (Hg.) 1975.
Schmidt, G. und Schorsch, E.: Sexuelle Liberalisierung und Emanzipation. In: Schorsch, E. und Schmidt, G. (Hg.) 1975.
Schmidt, G. und Sigusch, V.: Sexuelle Verhaltensmuster bei jungen Arbeitern und Studenten. In: Schmidt, G., Sigusch, V. und Schorsch, E. (Hg.) 1970.
Schmidt, G. und Sigusch, V.: Arbeiter-Sexualität. Darmstadt 1971.
Schmidt, G., Sigusch, V. und Schorsch, E. (Hg.): Tendenzen der Sexualforschung. Stuttgart 1970.
Schmidt, H. D. et al.: Frauenfeindlichkeit. Sozialpsychologische Aspekte der Misogynie. München 1973.
Schnabl, S.: Intimverhalten, Sexualstörungen und Persönlichkeit. Berlin 1972.
Schofield, M.: Das sexuelle Verhalten junger Leute. Hamburg 1969.
Schorsch, E.: Sexualstraftäter. Stuttgart 1971.
Schorsch, E.: Sexuelle Deviationen: Ideologie, Klinik, Kritik. In: Schorsch, E. und Schmidt, G. (Hg.) 1975.
Schorsch, E. und Schmidt, G. (Hg.): Ergebnisse zur Sexualforschung. Köln 1975.
Schulte, D.(Hg.): Diagnostik der Verhaltenstherapie. München 1974.
Selg, H. (Hg.): Zur Aggression verdammt? Stuttgart 1971.
Selg, H. (unter Mitarbeit von Mees, U.): Menschliche Aggressivität. Göttingen 1974.
Sigusch, V. (Hg.): Therapie sexueller Störungen. Stuttgart 1975.
Sigusch, V. und Schmidt, G.: Jugendsexualität. Stuttgart 1973.
Simon, W. und Gagnon, J. H.: Sexuelle Außenseiter. Hamburg 1970.
Specht, E. K.: Die psychoanalytische Theorie der Verliebtheit – und Platon. Psyche 1977, 31, 101–142.
Spitz, R. A.: Ein Nachtrag zum Problem des Autoerotismus. Psyche 1964, 18, 241–272.
Süllwold, F.: Theorie und Methodik der Einstellungsmessung. In: Graumann, C. F. (Hg.) Göttingen 1969.
Taylor, G. R.: Kulturgeschichte der Sexualität. Frankfurt 1970.
Thibaut, J. W. and Kelley, H. H.: The social psychology of groups. New York 1959.
Thomae, H. (Hg.): Handbuch der Psychologie. Allgemeine Psychol. Bd. 2, Göttingen 1965.
Thomas, J.: Adam and Eve revisited. In: Human development 1977, 20, 326–351.
Tinbergen, N.: Instinktlehre. Berlin 1972.
Tümmers, H.: Sexualität im Alter. Köln 1976.
Watzlawick, P., Beavin, J. H. und Jackson, D. D.: Menschliche Kommunikation. Bern 1969.
Wendt, H.: Pannendienst bei Verkehrsstörungen. Psychologie heute, 1977, 4, (8) 21–26.
Wendt, H.: Die neuen Mythen der Sexualität. Psychologie heute, 1978, 8, (8), 42–49.
Wienold, H.: Kontakt, Einfühlung und Attraktion. Stuttgart 1972.
Wilson, G. und Nias, D.: Erotische Anziehungskraft. Frankfurt 1976.
Wilson, G. D. and Patterson, J. R.: A new measure of conservatism. Brit. J. Soc. Clin. Psychol. 1968, 7, 264–269.